決策的邏輯

行為心理學如何影響我們的選擇？

朱睿、童璐瓊──著

目錄

開篇

01　　　　　　　　　跟著感覺走

02

懶惰的大腦

03

環境的神奇力量

04

我們如何記憶過去？

05　我們如何預測未來？

06　生活中的行為心理學

為什麼我們要了解行為心理學？

　　我 1998 年出國，到美國明尼蘇達大學攻讀工商管理博士學位。雖然當時是在商學院讀書，但我發現我更感興趣的是心理學。於是我學習了很多心理學專業的課程。直到今天，我的研究和教學都和心理學緊密相連。我經常在想，為什麼心理學讓我這麼感興趣？這麼多年學習、思考下來，最有說服力的一個原因是，不僅因為它有趣，更重要的是它讓我更好地了解了我是誰、我是如何做決策的。而在了解自己的過程中，心理學也讓我對他人有了更系統、深入的了解。

　　不知道你會不會對以下這些場景有同感：在面對諸多選擇時，感覺無從下手；對曾經做的決策後悔，絞盡腦汁問自己，為什麼當初做了那個決定；懷疑自己的選擇，為什麼精心做出的決定與努力並沒有給我們帶來預期的幸福；面對生活中的種種不滿，抱怨聲往往大於改變的勇氣與決心。這些問題看似不大相關，但它們都指向一個底層的問題，那就是：我們到底是如何做決策的？這背後是否有規律可循？這些規律是否幫我們做出了最好的決策？ 如果不是，我們如何能在了解背後規律的基礎上，做出更優的選擇？系統地解釋並回答這些問題，是行為心理學研究的範疇，也是在這本書裡我想和你分享的

知識。

行為心理學通過科學的方法研究人的行為決策規律。通過幾十年的發展，行為心理學發現的一個重要結論是：人的決策不是完全理性的。換句話說，我們即便是做非常重要的決策，也並不是像 AlphaGo（阿爾法圍棋）一樣，完全客觀地分析出每種可能性出現的機率，以及它能給我們帶來的效益，然後經過嚴謹的計算，最終得出一個最優的選擇。相反，我們的大部分決策是衝動的、快速的，而且容易受到周圍環境的影響。但大部分人的決策過程其實都存在規律，這使得行為科學在近些年來備受關注。從 2002 年諾貝爾經濟學獎首次頒給一位行為心理學家後，2017 年、2019 年，諾貝爾經濟學獎再次頒發給研究行為科學的研究者。他們代表著一群學者，努力通過嚴謹的研究，向我們解釋人到底是如何做決策的。而了解這些規律，或許可以幫助我們做出更好的決策。

在這本書裡，我將嘗試系統地從行為心理學的視角，為你講解人們做決策的過程。

在開篇部分，我介紹了本書的核心話題：我們是否了解自己，以及我們的大腦到底是如何工作的？

之後，我用三個章節介紹影響我們決策過程的三個重要維度，分別是：情緒、思維方式以及環境因素。你會了解到「感覺」對我們的重要意義，但並不是所有的情緒對我們都同等重

要，而在情緒主導下的你會變得完全不一樣。在思維方式上，我們喜歡偷懶，經常通過一些思維捷徑做決策。另外，決策環境也會對我們產生系統的影響：資訊的不同展示方式會影響你接受的程度；自己獨自做決策，還是在朋友親人在場的情況下做決策，你最終的選擇很可能不一樣。了解情緒、思維方式以及環境對決策的影響，會讓你明白為什麼我們的決策往往呈現系統的偏差。

在第四章中，我將介紹人們是如何記憶歷史的。對於已經發生的事情，我們的大腦會像錄影機一樣如實地記錄嗎？事實是，我們會有選擇性地記憶一些內容，也會不經意地扭曲歷史，所以記憶並不完全可靠。記憶並不完全值得信賴，那麼我們能準確地預測未來嗎？在第五章裡，你會了解到，對於未來，我們的預測也往往會呈現系統的偏差。我們會過於樂觀，放大單個事件的影響。在這章中，我還將和你探討一個重要的話題，那就是：到底什麼讓我們幸福？

在最後一章裡，我會介紹行為心理學在實踐中的一些重要應用，比如：如何能設計出更好的方法幫助他人改掉偏見？如何幫助年輕人多存錢？如何推動更多的人參與環保？如何幫助自己以及他人做出更好的決策？

行為心理學裡有一個我非常喜歡的概念，叫「助推」。這個詞來自英文「Nudge」，它的原意是用胳膊肘輕輕地往前推。而在行為心理學中，它代表我們可以通過一點小的努力，

為人們的生活帶來好的變化。如果你想更好地了解自己，做出更優的決策，希望你能在這本書中有所收穫，並在了解行為決策背後心理學原理的基礎上，有效地助推自己和他人做出更好的決策。

——朱睿

DECISION LOGIC

一 開篇

我們往往意識不到影響自己決策的真實原因。我們對自己的了解非常有限，但我們意識不到這個缺陷，反而會覺得自己很了解自己。

在我們的頭腦裡有兩個「代理人」，我們叫它系統 1 和系統 2。這兩個代理人各有分工，各有特點，一起決定我們的言行。

我們真的了解自己嗎？

　　前不久的一天早上，我把兒子送上校車後，和另外幾位媽媽一邊往回走一邊聊天。其中一位媽媽突然說：「我剛買了一個廚師機，就是那種能讓你做出各種麵點，比如說北海道吐司麵包、抹茶戚風蛋糕、桂花糕等美食，能讓你瞬間成為廚神的機器。」我們聽完馬上問：「你試用了嗎？覺得怎麼樣？」

　　那位媽媽不好意思地笑了笑，說：「還沒開箱呢！太大了，已經在樓道放了十幾天了，還沒勇氣拆開！」「那你為什麼買呀？」「唉，就是我的一個廚神朋友，說真該早些買這個機器，然後我就趕緊去查了一下，一興奮就下單了，花了我一萬多塊錢！」

　　你是否有相同的經歷，會衝動做出決定，然後後悔不已？當然這不僅僅包括購買商品的決策，還包括和孩子的交流、工作的選擇等。你是不是也經常會在做完決策後，恨不得敲敲自己的腦袋，心裡想：我當時為什麼那麼做？我在想什麼？下次

我一定不會這樣。但你有沒有注意到，類似的事情總是重複出現，我們似乎總是不能對自己有一個客觀準確的判斷，也不清楚自己到底是怎麼做決策的。

我們看似對自己的大腦非常熟悉，但它很多時候就像是個黑屋子，沒有一個神祕通道能幫助我們進入，真正了解自己，看清到底是什麼原因讓我們快樂或者痛苦，讓我們做出某個決定。我們常在做出選擇之後後悔不已，充滿困擾。如果你深有同感，請不要沮喪，因為你並不是少數。大量的心理學實驗證明，人們對自己的了解不僅非常有限，而且充滿偏差。也許這就是為什麼從古到今，人們依舊在探討「我是誰」這個永恆的話題。這本書意在通過系統地介紹行為心理學的一系列發現，幫助你更好地認識那個「陌生」的自己，然後做出更好的決策。

▶ 我們是否知道決策背後真實的原因？

我們是否真的知道我們每一個決策背後真實的原因？為了解答這個問題，心理學家做了一個有趣的實驗。他們在百貨店門口放了一個商品展示台，在上面從左到右擺放了 4 雙全新的襪子，並告訴顧客這些襪子分別屬於 A、B、C、D 四個不同品牌。然後他們鼓勵經過的顧客摸一摸這些襪子，說出哪一個品牌品質最好。但是，顧客不知道的是，這四雙襪子其實是完全一樣的。所以合理的結果應該是，每一個品牌被選中的機率都相等，大概是 1/4。那麼最後實驗的結果如何呢？

結果非常有意思，只有 12% 的顧客認為最左邊的 A 品牌品質最好，而越往右邊的品牌，越被更多的人認為品質好，居然有將近40% 的顧客認為最右邊的 D 品牌的品質最好。這告訴我們什麼？ 這說明商品擺放的位置才是造成這個決策的真正原因——人們更願意選擇擺放在右邊的產品。當顧客選擇了最右邊的 D 品牌之後，研究者問他們，你為什麼選 D 品牌？人們給出了各式各樣的解釋，比如說：我喜歡它的顏色，這雙看上去材質更好，彈力也要更強一些⋯⋯了解真相的你看到這裡肯定在笑，因為這四雙襪子其實完全一樣！人們不僅不知道他們做出決策的真正原因，還能為自己的決策找到各式各樣的理由。

　　但這個實驗到這裡還沒有結束，研究者在聽完顧客的理由之後，又跟進了一個問題：「你覺得這些襪子擺放的順序有沒有可能影響了你的選擇？」這時，顧客往往比較詫異，有些會說「你什麼意思？」「我不明白你的問題」，甚至有人會覺得研究者的思維太奇怪。人們堅信他們是依據產品的品質做出選擇的，絕非其他荒謬的原因。

　　這個實驗雖然簡單，但它很有效地說明影響我們決策的真正因素往往隱藏在我們的潛意識裡。但很遺憾，我們無法走入潛意識，因此很難辨別真相。我們對自己的了解非常有限，但我們意識不到這個缺陷，反而會覺得自己很了解自己。所以當被問及為什麼會做出某種決策的時候，我們經常會製造出一些看似合理的理由，而且深信不疑。這也就導致我們對自己的了

解不僅很有限，還會呈現系統的偏差。

▶ 我們是否了解過去和未來？

除了對當下的自己不夠了解，我們對過去以及未來的自己也很難有客觀的認知和判斷。說到過去，你也許會覺得自己至少記得已經發生的事情，因此對過去的自己還是能有比較客觀的認知的。其實不然。

在之後的章節中，我會告訴你人們是如何管理記憶的。我用了「管理記憶」這個詞，想表明的就是我們的大腦並不像照相機或者錄影機那樣如實地記錄，可供之後隨時、準確地提取。相反，我們的記憶體系更像是經過濾鏡處理的照片。一系列的研究發現，我們目前的認知會扭曲過去的記憶。比如說，當一對夫妻走到離婚的邊緣時，他們會覺得過去的生活裡全是痛苦的記憶，而如果有一臺如實記錄往事的照相機的話，他們會發現原來事情並非如此。

我們生活中的很多決策還關乎未來。對自己未來的預測，人們同樣會存在系統的偏差。如果你中了彩票，你會有多高興？如果你不幸婚姻失敗，得了絕症，你會有多痛苦？一系列研究結果發現，我們往往會錯誤估計未來事件給我們帶來的情緒上的影響以及延續的時間。真正中了大獎的人，他們一開始的確很開心，但開心程度不會有他們預想的那麼高，而且基本

在幾周內就回到了中獎前的水準，之後甚至會降到比中獎之前還低的程度。遭遇不幸的人也會經歷痛苦，但不會有他們想像的那麼糟糕，而且也會在幾周內反彈，在意想不到的事情中重新找回生活的希望。這背後神奇的原因，我會在之後的章節中告訴你。

▶ ENDING・結語

在這節內容裡，你已經了解到我們自我認知的局限性。看到這裡，你也許會想，既然我對於當下、過去和未來的了解都存在問題，那怎麼辦？我要怎麼做才能更客觀地了解自己，然後做出更好的決策呢？

我學習心理學已經有很多年了，和你分享一個心得，那就是，我對心理學了解得越多，就會越謙卑。因為我深刻地意識到，我們對自己的了解其實很有限。但是通過學習心理學，我對人腦做決策的過程有了越來越多的認知，明白了在這個過程中人們容易出現哪些問題。這些知識不僅讓我對自己有了更清晰的認知，也讓我掌握了一些方法，可以更加有效地助推自己和他人做出更好的決策。當然，人對自己的認知是一個永無止境的過程，我希望能把這樣的知識分享給你，讓你也能有所進步。因此，在之後的章節中，我會介紹人們在決策中容易出現的誤區，幫助你深入了解自己，提高決策品質。

人腦的神奇雙系統

回想一天的生活，你可能會發現我們每個人每天都面臨著各式各樣的決策，有的非常輕鬆，有的卻著實困難。就我自己而言，買什麼品牌的牛奶和雞蛋這樣的決策非常容易，完全不費腦子，一兩分鐘就能解決。因為我們已經習慣了固定的品牌，這樣的決策很輕鬆。但與此同時，我一天中也會有另外一些決策很傷腦筋，需要反覆思考，來回比較，才能決定。例如，我發現孩子最近玩遊戲有點上癮，那我要怎麼做才能最有效地幫助他？是刪除遊戲，沒收手機，限定時間，還是把遊戲作為一種完成任務後的獎勵方式？找到最佳方案並不容易。你可能也會有同感，有很多決策對我們來說並不輕鬆。

▶ 系統 1 和系統 2

這兩類不同的決策對應的恰恰是我們的大腦面對決策時的兩類處理方式，也就是由心理學家丹尼爾・康納曼（Daniel

Kahneman）提出的著名的雙系統理論。他用了一個很形象的比喻來解釋人腦的決策過程。你可以想像一下，在你的頭腦裡有兩個「代理人」，我們叫它們系統 1 和系統 2。這兩個代理人各有分工，各有特點，一起決定你的言行。

代理人「系統 1」：它工作起來是自動模式，毫不費力，速度很快，而且一直在工作，不會休息。換句話說，你無法讓這個代理人下班。雖然很多時候我們並沒有意識到它的存在，但它一直在幫助我們做決策。所以我把系統 1 描述成一個年輕、衝動、精力無限的孩子。我們每天 80% 以上的決策都是由系統 1 來完成的。就像前面舉的第一個例子，買牛奶、雞蛋、日常用品，系統 1 都能幫助我們瞬間決定。這樣的任務還有很多，如吃飯、走路、判斷他人的情緒、計算 2×2 等於多少等。這類簡單或者習慣性的任務，都是系統 1 的工作範疇。

代理人「系統 2」：它需要你的啟動才能開始工作，會在決策中投入很多精力，對自身有控制，速度也會比較慢。所以我把系統 2 描述成一位遵循規則、深思熟慮，但精力有限的長者。系統 2 通常不會輕易出手，它對系統 1 這個孩子很縱容，能夠接受系統 1 做的大部分決策，只有在有需要的時候才會現身，就像前面舉的第二個例子，當面臨困難問題，系統 1 對付不了的時候，系統 2 就會來主持大局。這樣的場景還包括：正在減肥的你決定晚飯吃什麼，當你學習一門新的語言或技能時，或者約束自己的言行時等等。

▶ 調皮的孩子和理性的成人

為什麼系統 1 會主導我們大部分的言行？因為它很高效。試想一下，如果一天 24 小時中，人類每一個決定都要由系統 2 經過仔細斟酌再做出決策，那將會帶來巨大的消耗，人類也無法存活下來。所以從進化的角度來說，這兩個代理人的分工非常合理。系統 1 非常高效，而且通常可以做出足夠好的決策，讓我們能正常生活。但它年輕、易衝動，所以也容易犯錯誤。

接下來我們就來看一下系統 1 在做決策的時候有哪些特性，可能會導致什麼樣的決策偏差。

首先，系統 1 做決策時非常喜歡依賴簡單的資訊。因為它每天要做無數決策，依據簡單的標準無疑可以最大化地提高決策的速度。這裡提到的簡單標準指的就是那些不需要仔細思考就能做出判斷的標準。舉個例子，你聽說了一個小道消息：動物園裡跑出了一隻老虎。第一次聽的時候，你可能會懷疑，但當有第二個人、第三個人再跟你提到這個傳聞的時候，估計你就會相信。為什麼？當你聽到一個資訊的次數越來越多，本來陌生的資訊就會變得熟悉。而根據過去的經驗，如果一個資訊能夠被反覆提及且讓人感覺熟悉，它很有可能是已經被驗證過的正確資訊，因此「熟悉」也會在你心裡潛移默化地和「真實」畫上等號。因此，在這個例子裡，資訊熟悉度就是一個簡單的判斷標準，它在很多時候能夠讓我們更快地做出判斷。但是，簡單的標準並不一定在所有時間都正確，三人成虎就是一

個很好的例子。

其次，系統 1 不僅喜歡簡單的標準，還很擅長講故事。它喜歡聯想，可以依據非常有限的資訊進行豐富的想像，然後講出一個個順理成章的故事。再回到上面的例子，如果我問你，為什麼相信「動物園裡跑出了一隻老虎」這個消息，你可以很輕鬆地講出一系列理由。比如說，以前似乎聽說過類似的新聞，這個動物園的管理一向有問題等等。但是你並沒有意識到，其實這些都不是真正的原因，它們只是你編造出來的理由而已，你相信這個消息的真實原因，只是因為大家都這麼說，系統 1 依據熟悉度迅速做出了判斷。這種偏好聯想和擅長講故事的特性能讓你把周圍眾多的資訊串聯在一起，感覺到世界是可以理解的，也是可以控制的。但在之後的章節裡，你會看到，在絕大多數情況下，這種控制感只是一種錯覺。

與此同時，系統 1 還有一個重要的特性：它比較「偏科」，數學不好，不擅長統計知識。我在這裡給大家做一個小測試：

如果 5 臺機器 5 分鐘可以生產出 5 個零件，那 100 臺機器需要多長時間能生產出 100 個零件？

100 分鐘。對嗎？這是你腦子裡馬上閃出的答案，是不是？如果仔細想想，你會發現這並不是正確答案。但你不用沮喪，根據過去的研究，很多名校的高材生也會下意識地犯同樣

的錯誤。這恰恰是因為你在快速判斷中採用了系統 1，而你的系統 1 並不擅長複雜的邏輯分析和統計。

在這時，我們大腦中的系統 2，那個理性、有控制的代理人，可以幫助我們解決這類問題。回想一下剛才那個題目，如果你仔細想一下，會發現答案應該是 5 分鐘。因為，一臺機器生產一個零件需要 5 分鐘，那麼 100 臺機器生產 100 個零件，也需要 5 分鐘。這道題的確不太直觀，如果你還沒想明白，可以對照題目再仔細想一下。當我讓你仔細想一下的時候，其實我是在幫你啟動你的系統 2。

最後，系統 1 還很像一個不太穩定的孩子，它非常容易受到環境的影響。例如，它經常會被人們當時當地的情緒干擾。比如說，每天的天氣都有可能影響到你對一件完全不相關事情的判斷。在陽光燦爛的日子裡，你會覺得未來一片光明，而在陰雨連綿的日子裡，你會覺得未來蒙上了一層陰影。未來並不會因為今天的天氣發生變化，但是系統 1 對未來的判斷卻因為它而改變。

綜合以上，我們對系統 1 做個總結：它做決策的特點是偏好簡單的決策標準，喜歡聯想，不善於統計分析，而且容易受到環境的影響。這些發現顛覆了傳統經濟學中的假設。傳統經濟學認為人類無比聰明，非常理性，能夠充分考慮到所有資訊之後做出正確的決策，但是系統 1 的發現證明我們的決策並不像機器人和數學公式那樣嚴謹完美。而對系統 1 的研究也奠定

了行為心理學這個新興學科的基礎。

因為系統 1 掌管著我們絕大部分的決策，所以從下一章開始，我會介紹系統 1 的一些重要特點以及它給我們決策帶來的具體影響。這中間會有很多你意想不到的現象。

接下來我們聊一聊系統 2，雖然它經常在幕後，工作時間不長，精力有限，但一旦被啟動，它就會投入很大精力，理性地分析問題，約束系統 1 的衝動，並在深思熟慮後做出決策。當面臨難題和事關重大的時候，以及當我們需要進行自我約束的時候，只有系統 2 能勝任。

如果你在減肥，你一定會有這樣的感受，當面前放著一盒冰淇淋的時候，你的慾望是拿起來就吃，這是你的系統 1 在工作。但這時你的心裡會有另外一個聲音：「不要去拿，你在減肥，這個卡路里太高了，吃完就要後悔了！」這就是你的系統 2 在說話。你到底聽誰的？這兩個代理人誰最終決定你的行為，取決於你是否有足夠的精力和能量來支援系統 2。約束自己的行為需要耗費能量。這也是為什麼你精神好的時候或是在白天，你抵制那盒冰淇淋的可能性會更大，而到晚上或是累的時候，你沒有力氣啟動系統 2，則很容易屈服於永不休息的系統 1。減肥如此，教育孩子同樣如此。你會發現到了晚上，你對孩子發脾氣的機率就會上升，那是因為你累了，你的系統 2 已經沒有精力幫你控制你的情緒了。

因此，雖然系統 1 年輕力壯，能對大部分決策給出足夠好的答案，讓我們能輕鬆地過日子，但面對重要的決策，尤其是需要我們進行自我約束的時候，系統 2 是阻止我們犯錯誤的防線。面對眾多誘惑，系統 1 會毫不猶豫地往上沖，你的慾望和荷爾蒙，都會把你往前推。如果此時系統 2 不出現，那麼你很有可能得到了眼前的利益，但會很後悔，甚至被懲罰。但系統 2 不容易被啟動，而且很消耗能量。那如何能更好地鍛鍊系統 2，讓它幫助我們做出正確決策，我會在之後給大家介紹具體的方法。

▶ ENDING・結語

在這一節裡，我們打開了大腦這間黑屋子，看到了決策過程中的兩個關鍵代理人：系統 1 和系統 2。系統 1 很勤勞，速度很快，偏好簡單的決策標準，喜歡聯想，不善於統計分析，而且容易受到環境的影響；而系統 2 遵循規則、深思熟慮，但精力有限。為了說明大家更好地規避系統 1 帶給我們的問題，在下面的章節裡，我會介紹系統 1 的一些重要特質，以及這些特質如何影響我們的決策。

讀到這裡，我想問問你，你覺得你的決策在多大程度上依賴系統 1 呢？你的系統 2 會經常被啟動嗎？期待你帶著思考進入我們後面的內容。

DECISION
LOGIC

—— 01　跟著感覺走

什麼樣的資訊最能引起我們的關注，會更廣泛地傳播，並且深深影響我們的決策？在一個理想的世界裡，我想大部分人都會希望自己的決策是基於客觀、真實的資訊做出的。但在現實生活中，是否如此呢？

我們大腦中系統 1 的影響無處不在，而系統 1 決策的一個重要特徵是：跟著感覺走。

虛假資訊為何滿天飛？

上一節我介紹了人腦的工作原理，裡面提到了一個形象的比喻，就是我們的頭腦中有兩個代理人，系統 1 和系統 2，它們通過分工合作，一起支配我們的言行。你還記得這兩個系統中，哪個系統主導我們絕大部分的決策嗎？對，是系統 1，也就是那個衝動、快速、不加控制且精力無限的年輕代理人。**接下來我會用 6 節的篇幅，給你介紹系統 1 的第一個重要特點：跟著感覺走。**現在，我們就來談一談，什麼樣的資訊最能引起我們的關注，會更廣泛地傳播，並且深深影響我們的決策。在一個理想的世界裡，我想大部分人都希望自己的決策是基於客觀、真實的資訊做出的。但在現實生活中，是否如此呢？

我想先給你舉幾個例子。大概十多年前，我還在國外工作的時候，一次我和媽媽通電話，她說你一定要多喝綠豆湯。我當時沒太當回事，一忙也就忘了，後來才知道「食療大師」張悟本當時在中國很火，一句「綠豆湯包治百病」把綠豆的價格

炒到天上，也讓不少忠實的聽眾因為喝了太多綠豆湯，導致腹痛及其他病痛。又過了幾年，我媽媽勸我說不要用微波爐，會致癌。大家應該也記得這個謠言吧，網路上當時也是鬧得沸沸揚揚，直到現在我們還會經常在朋友圈看到這類資訊。面對全球範圍內的新冠疫情暴發，媒體上更是充斥著各種消息——例如雙黃連能殺死新冠病毒，於是不少含有雙黃連成分的中藥當天供不應求。隨後，專家闢謠，雙黃連未能被證明能夠治療新冠肺炎，不遵醫囑服用還有可能帶來不良影響。為此，不少社交媒體、協力廠商平臺紛紛推出辨別真假新聞的功能。

聽到這裡，你也許會問：為什麼這些謠言總是能像病毒似的傳播，那麼輕易就能吸引大眾的注意力，影響我們的決策？現在我們來談談最具傳播性的資訊的幾大特點。

首先，我想先請大家猜一猜：謠言和真相，誰傳播得更快呢？針對這一問題，三位麻省理工學院的研究者做了一項可能到目前為止規模最大，也是最系統的關於假新聞的傳播研究，並將結果發表在科學領域頂級的期刊之一——《科學》雜誌上。他們分析了從 2006 年到 2017 年 12 月間近 13 萬條新聞在國外的推特上的傳播情況。結果發現：假新聞比真新聞傳播得更快、更深、更廣。而且不管是哪類資訊，政治、娛樂、商業等，虛假的故事都會跑贏真實的資訊，特別是虛假的政治新聞。具體來說：

從傳播的平均數量上看，虛假資訊被轉發的可能性比真實

資訊多 70%，一條真新聞很少會被轉發超過1000次，但排名居前1%的假新聞甚至可以被轉發10萬次。

從傳播速度上看，假新聞的傳播速度要遠遠快於真新聞。同樣是傳播給1500人，真新聞需要花的時間是假新聞的6倍。

總而言之，假新聞比真新聞具有更強的病毒式傳播力。

這些結論聽上去的確讓人擔憂。這也就意味著，在日常生活中，我們接收到的謠言要遠多於真實的資訊！

為什麼虛假資訊如此具有傳播力呢？學者們提出過不少解釋，但這篇文章用很巧妙的方法證明了「新鮮感」在提升假新聞流行度中的關鍵作用。我用通俗的語言解釋一下，就是資訊內容越離譜，它的傳播力越大。為什麼越新鮮、越離譜的內容越容易吸引我們的眼球呢？從心理學的角度看，首先，新鮮的內容與我們已有的知識不同，因此我們感覺它能提供更有價值的資訊，它自然會引起關注。其次，傳播新鮮離奇的資訊，也會提高我們在朋友中間的地位，別人會覺得你的消息更靈通、更先知先覺！我們每個人其實都是在很精心地設計如何把自己展示給別人，所以人們往往會在朋友圈裡發一些能讓自己的形象更好的資訊，而這類新鮮的資訊就是其中一種——它可以讓你顯得更有趣、更具有社交價值。

與此同時，請大家回憶一下，當你讀到那些特別流行的資訊時，除了覺得很新鮮，你還會有什麼樣的感覺呢？對了，這些資訊不僅具有新鮮性，還會讓你產生強烈的情緒。這就是它

們流行的另一大原因。

關於這個原因，沃頓商學院的兩位教授收集了《紐約時報》頭版上 3 個月內發表的文章，然後分析了什麼樣的文章會被更廣泛地傳播。結果顯示，一篇文章越能激發人們的情緒，它被傳播的力度也會越大。更有意思的是，並不是所有的情緒都生來平等！那些能夠激發激動、憤怒、焦慮或者驚訝等高強度情緒的內容，相比平靜、悲傷這些低強度的情緒，會更吸引人們的注意力，也會有更大可能被轉發。我想你和我都有類似的體會，當一篇文章、一則新聞給我們帶來焦慮或憤怒的時候，我們會久久難以平靜，也會更有可能和朋友分享這樣的資訊。

總結一下，最為流行的資訊有兩個非常重要的特質，一是新鮮程度，二是能激發強烈的情緒。當然還有很多其他的特質，也可以增加資訊的吸引力，比如是否與個人相關、熟悉程度等等。這些會在之後的內容中有所涉及。但新鮮度和情緒調動潛力無疑是被心理學家廣泛接受的兩個重要因素。

了解了以上內容，你就會明白，我們做決策依據的資訊很多時候並非是完全客觀、真實的。恰恰相反，很多資訊能影響我們只是因為它們新鮮，能夠激發強烈的情緒。意識到這一點，我們能做些什麼？以下就是我想給你提的幾點建議：

改變的第一步是意識到問題。如果你能意識到很多時候我

們用來決策的資訊並非客觀、全面、真實的，我們天生喜歡離奇、激發情緒的資訊，這就是一個很大的進步！能意識到並承認自己的不足，這是改進的前提。

第二步，有意識培養自己用批判的眼光處理資訊的習慣。我們在瀏覽新聞、關注公眾號、閱讀朋友圈的時候，不要預設所有的內容都是真的，多問幾句，是這樣嗎？這裡是不是有誇張的成分？尤其是當資訊很離奇，或者讓你產生強烈情緒的時候，你可以先讓自己冷靜下來，想一下是否可信。當然，這並不容易做到。更糟的是，研究發現，當周圍有其他人的時候，我們更不願意去花時間和精力檢查內容是否屬實。因為人的大腦很愛偷懶，所以我們需要訓練批判性思維，而大腦就像肌肉一樣，你越鍛鍊它，它會越強大，越靈活。

這種批判性思考的能力不能一天養成，那麼眼前你能做些什麼？基於此，我想給你提出另外一條易於操作的建議：**多關注資訊的來源，給有公信力的媒體更多信任**。而對於小道消息，請多加質疑。

上面提到的都是如何避免虛假資訊給我們帶來的負面影響。其實，如果你從另一個視角看這一話題，會得到另外一個啟發。那就是，如果我們想要更有效地影響他人，可以考慮如何能把資訊用更能調動情緒、更加新鮮的方式展示出來。

舉個例子，在心理學裡有一個很有意思的現象叫「可辨識

受害者效應」。它講的就是，相對於幫助一個較為寬泛的受益人群體，人們更願意幫助一個細節生動的具體受益人。一位心理學家在 2007 年的時候做過一系列很有意思的實驗。在實驗中，他展示給其中一部分人的資訊是，在非洲很多國家有許多人面臨饑荒，並且給參與實驗的人們提供了饑荒群體的人數，號召他們為這些人捐款。而另外一部分人看到的是一個挨餓的女孩的照片和一些讓人心痛的描述。

在兩種情況下，哪種情況會讓你更願意捐款？我想你應該能猜到實驗的結果。雖然幫助饑荒的群體受益人數更多，但人們還是更願意幫助那一位挨餓的女孩。雖然這一選擇從受益人數量的角度來說似乎並不理性，但正如我們前面提到的，我們的決策深受資訊表現方式的影響，我們總是會被生動的、給我們帶來強烈情感體驗的資訊所打動。就像當年希望工程那個大眼睛女孩的照片——或許希望工程的創始人徐永光老師及其背後的設計者並不完全了解這個心理學的理論，但他們很成功地激發了大家的情感體驗，讓無數人給這個項目捐款。所以，當你想讓你的資訊更容易被人們接受，被大眾傳播，你可以考慮採用更新鮮、更生動、更容易引起大家強烈情緒的表現方式。

▶ ENDING · 結語

客觀全面的資訊是做出正確決策的基礎，但我們日常生活中最為關注的往往是謠言或者片面的資訊。之所以會這樣，是

因為我們會自然而然地被新奇的或者激發強烈情感的資訊所吸引。如果以上的介紹能夠讓你意識到吸引你的大部分資訊具有這些特點，那麼這個認知本身就有價值。同時你需要去考慮，是否應該有所改變。如果你對很多決策不滿，事後會後悔，就可以考慮上面提到的一些建議，逐漸培養批判性的思維方式，選擇更具可信度的媒體。反之，如果你想讓某些資訊更具傳播性，請仔細考慮資訊的呈現方式。

讀到這裡，請你仔細地想一想，在你的生活中，你更關注什麼樣的資訊？你會習慣性地質疑接收到的資訊嗎？如果沒有，你未來會怎麼做呢？期待聰明的你找到答案。

兩個不一樣的你

14年前我生下我的第一個孩子。在臨產時，為了不影響孩子，我對醫生說，我生產的時候不準備用任何止痛藥或者麻醉藥，我身體很好，那點兒痛我肯定能承受。 如果你也是母親，或者是曾陪伴妻子走過這一程的丈夫，我想你應該很熟悉這一幕。那種母愛的偉大是毋庸置疑的。

然而發生了什麼？如果你經歷過自然生產，會知道生產過程中的疼痛到最後的時候是難以忍受的。我只記得當時我已經忘了該怎麼呼吸，然後對我先生說，讓麻醉師來！沒想到的是，我說得太晚了，還來不及打止痛藥，女兒就出生了。但我心裡明白，我當時已經決定放棄了。

那種感覺是我之前完全不能理解和想像的。當我在懷孕的時候，也就是處於「冷」的狀態的時候，我是無法想像處在「熱」的狀態（也就是真正的宮縮劇痛）時候的感覺的。這種差距導致我在「冷」的時候所做出的決策和我在「熱」的時候

做出的決策完全不同。這樣的例子其實還有很多，比如你在吃飽的時候（也就是「冷」的狀態下），難以想像你在飢餓的時候，可以狼吞虎嚥地吃完一盤洋芋片；當你的婚姻生活一帆風順的時候，你很難理解為什麼夫妻會反目成仇，做出令人難以置信的事情。這些都說明我們在「冷」和「熱」兩種狀態下做出的決策會大相徑庭，但更重要的是，我們並不會意識到我們自己身處兩種狀態下的巨大差別。

▶ 冷熱共情差距

這就是行為心理學裡提到的「冷熱共情差距」。簡單來說就是，你在冷靜的時候不能想像你在情緒激動（也就是處在「熱」的狀態下）時情緒會發揮多大的作用；而你在「熱」的狀態下的時候，也不會意識到情緒正在對你做決策產生的巨大影響。

有兩位行為心理學家做了一系列的研究證明這種冷熱共情差距的存在，並指出這種差距會導致很危險的結果。在這裡我想給你介紹其中一個很著名也很有意義的實驗。如果你是青春期孩子的家長，可能會擔心自己處在青春期的孩子有不安全的性行為。當然現在時代進步了，很多家長都會很開明地和孩子探討關於性的話題，也會明確告訴孩子要學會保護自己，比如用保險套。這些年輕的孩子，在冷靜的狀態下，也很清楚該如何保護自己，尊重他人。但你有沒有想過，當他們處於「熱」

的狀態，情緒激動的時候，會怎麼決策呢？這恰恰是我想給你介紹的實驗。

這個實驗的地點是美國加州伯克利大學。這是一所非常好的學校，能考入這個學校的孩子也都是佼佼者。這兩位研究者通過貼海報在學校內找到了一些自願報名的 18 歲以上的男生。研究助理和每個志願者一對一地溝通，每個男生都被要求在自己的臥室床上、在沒有其他人的情況下完成實驗，即在電腦上回答一系列的問題。為了讓你能更好地理解這個實驗，我想請你把自己想像成參與這個實驗的其中一位男生。

這個實驗分為兩個部分，第一個部分，你需要在一個私密的空間裡，比如你的臥室，想像你的慾望已經被激發起來，然後回答一系列問題。

這些問題主要包括三大類：

第一類問題涉及你的性偏好，比如你是否會對不合適年齡的異性（例如未成年人）產生興趣？是否會想在行為過程中採取一些暴力的動作？

第二類問題涉及你是否會做一些不道德的行為，比如欺騙對方說你愛她，這樣可以增加她願意和你發生性行為的機率？或者在對方拒絕的情況下，依然強行發生性關係？

第三類問題涉及你對不安全性行為的態度，比如在多大程度上你認為保險套會減少快感？

在回答完這些問題後，研究助理會聯繫你，邀請你參加實驗的第二個環節。這次，你需要通過一些方式，讓自己真正處於性興奮的狀態，然後再次回答上面的問題。換句話說，實驗者會測量你在「冷」和「熱」兩種狀態下的性偏好，是否會採用不道德的手段，以及對性安全的判斷。

你能猜到結果是怎樣的嗎？當看到實驗結果時，我還是很震驚的。對於絕大部分問題，當處於「熱」的狀態的時候，這些男生都會做出更加極端的回答。他們會更想嘗試各式各樣奇怪的性行為，表示會更有可能通過不道德的手段獲取性滿足，也會更願意採取不安全的性行為。

也就是說在冷靜的時候，這些「別人家的孩子」都會對自己做出很好的判斷，覺得自己在慾望被激起的時候，會有合適的表現，不會做出格的事情，也會保護自己、尊重別人。但他們沒有想到的是，當自己身處「熱」的狀態的時候，結果完全不同。但這樣的結論又何止限於伯克利的這些大學生呢？這個實驗的結果發表於 2005 年，之後又有一系列類似的研究證明冷熱共情差距是一個非常普遍的現象，也體現在很多場景中。比如抽煙上癮的人，當煙癮上來時，對於下次買煙願意付出的價格要遠高於他們的煙癮得到滿足的時候。

這樣的實驗結果有很深刻的意義。它說明我們並不了解自己，在我們的大腦裡住著兩個人——這聽上去似乎有點人格分裂，但就像我之前講到的，系統 1 和系統 2 共同決定我們的言

行。但我們通常都會把自己想像成那個理性、邏輯、客觀的系統 2，殊不知系統 1 才是我們大部分決策的推手。在冷靜的時候，系統 2 會清楚地告訴我們什麼該做什麼不該做，我們也會信心滿滿，覺得自己完全可以抵抗誘惑。當我們聽到夫妻吵架導致大動干戈、輔導孩子學習卻一氣之下把孩子逼得跳樓等新聞的時候，我們會覺得這些人都是極少數的異類，這樣的事情怎麼可能在我身上發生？但此刻的你是處於冷靜的狀態，當「熱」的情緒占據你的大腦，系統 1 掌控大局的時候，我們極有可能成為那個不認識的自己，任何你之前覺得不可能發生的事情都有可能出現。

▶ ENDING・結語

　　情緒能給我們帶來很多好處，比如讓我們在遇到危險的時候，本能地快速反應。但情緒也會給我們帶來意想不到的後果。冷熱共情差距就是對我觸動很大的一個現象。它告訴我們，在冷靜的時候，我們很難準確地判斷自己在情緒起來時候的表現。明白了這個差距，我們就需要對自己的認知抱著更加謙卑的態度。我們需要更加了解自己容易受哪些情緒的影響，盡可能規避失控場景或做好準備降低傷害。

　　讀到這裡，請你仔細回憶一下，你是否曾經意識到兩種狀態下不同的自己呢？如果你曾經因為情緒失控而後悔，你準備怎麼做？希望這一節的內容能帶給你新的啟發。

行為小錦囊

　　我們能做什麼，才能使我們不會在情緒完全控制自己的時候做出糟糕的行為？這並不容易。很多行為心理學家也表示，雖然研究了這麼久，但真正想要改變自己在「熱」的狀態下的行為很難。即便如此，我還是想結合眾多學者的研究，給你提一些建議：

　　首先，你需要認識到人是多面的。我們的系統 2 並不是一直線上的，當情緒上來的時候，系統 1 會占上風。對此，我們要有清醒的認知。

　　其次，經常事後反思自己在情緒激動下的表現。我們經常忽略這部分的自己，或者根本沒有意識到自己的這一面。在反思的過程中，我們能看到自己容易犯的錯誤，將激動時候的自己與冷靜時候的自己做比較，發現有哪些偏差；同時，把這種現象解釋給孩子和你在乎的他人，也讓他們了解冷熱狀態下不一致的你。

　　再次，最為重要的是，盡量讓自己規避失控場景。當意識到自己容易受哪些情緒影響後，你就要努力去

規避那些讓你情緒失控的場景，而不是等你到了那個情緒狀態時，再去控制自己。原因很簡單，當情緒起來的時候，系統 2 就消失了，我們控制不了系統 1 的衝動。比如大量資料證明，酒精是導致校園暴力和性侵的一個重要因素，那麼你就要告訴你的孩子不要多喝酒，最好不喝！再比如，我的一個朋友曾經給我分享過她的一個經驗，就是一旦和孩子吵起來，她會主動離開，回到自己的房間，關上門。兩人分開一段時間之後，火藥味往往會消減很多，問題也會得到更有效的解決。

最後，面對一些你預想到的可能不可控的情況，事先做好準備，盡量降低傷害或損失。比如你知道今天出去應酬一定會喝酒，就不要開車，或者提前預約代駕。

存活率 90% 還是死亡率 10%

如果仔細觀察生活，你也許會注意到，對於同樣一件事情，我們會有不同的表述方式。而同樣的問題，不同的描述方式會帶來截然不同的感受。比如說，同樣是推銷保險套，宣傳99%的安全性要比承認1%的事故率更有說服力；商場裡的牛肉標籤通常強調含有 75% 的瘦肉，而不是 25% 的肥肉；同樣是考了 90 分，家長可以對孩子說，你還是錯了一道題，也可以說，哇！你絕大部分題都做對了，想必兩種情況下孩子的感受截然不同。

▶ **語義效應**

上面這些例子所體現的就是行為心理學裡的「語義效應」。它指的是，在客觀邏輯上完全一樣的資訊，因為表述方式的不同，會給人帶來截然不同的感受。就像上文提到的例子，當我們強調資訊的正面內容時，我們就更願意接受這個資

訊；但當以反面的方式表述資訊時，我們對它的接受程度會大幅度下降。只要多想一步，你就會發現這兩種表述方式反映的其實是同一資訊。

為什麼會發生這樣的現象？聰明的你也許馬上就會想到，因為你頭腦中的系統 1 喜歡用感受、情緒做決策，而且善於聯想。強調一個資訊好的一面，對我們有利的一面，會讓我們感受到正面的情緒，而且能聯想到很多其他的好處。比如強調75%的瘦肉，你會想到，瘦肉有助於身體健康，是優質的蛋白質，我在健身，正好需要它之類的內容。這讓我們更願意接受這個資訊，做出購買決策。相反，強調一個資訊不好的一面，對我們不利的一面，會讓我們感受到痛苦或焦慮，也會聯想到其他負面的內容。比如強調25%的肥肉成分，會讓你想到肥肉不好，我正在減肥，太油膩了等等。這樣的資訊自然也就不會贏得你的歡心。我們討厭負面的感受，所以當資訊的負面內容被強化時，我們更傾向於拒絕接受。

你也許會說，這些例子都是些無足輕重的決策，要是面臨重要的決策，我們的系統2一定會出手，因此不會受到這種語義效應的影響。如果你這麼想，那麼請你認真看一看下面這個實驗。

心理學家曾經讓哈佛大學醫學院的醫生參與了一個實驗。面對肺癌，醫生有兩種治療方法：手術或者放療。資料顯示，如果看五年的存活率，手術效果明顯優於放療。但從短期看，

手術的風險要大於放療。因此，在這個實驗中，醫生被分為兩組，每組看到了不同的資訊。

其中一組醫生看到的資訊是：如果手術，病人一個月內的存活率是 90%。

另一組醫生看到的資訊是：如果手術，病人一個月內的死亡率是 10%。

你覺得在這兩組醫生中，選擇手術的比例會有差別嗎？

也許你已經猜到了結果。在強調 90% 存活率的那組醫生中，84%的醫生選擇了手術治療；但在強調死亡率的那組醫生中，只有50%的醫生選擇了手術！這說明人們厭惡損失，就連經驗豐富的醫生也同樣如此。由此可見，即使是面對重大的決策，我們的系統 1 也不可能對引發情緒的內容視而不見，在它的影響下，語義效應也會出現。

語義效應不僅體現在人們對資訊正反面描述的敏感上，還體現在人們對風險的態度上。下面我請你想像自己正身處一個賭博的場景中，如果面臨以下兩個選擇，你會選擇哪一個？

A：你確定可以得到900[1]元。

1　本書所提到的幣值均爲人民幣。

B：你有90%的可能會得到1000元，但有10%的可能會一無所獲。

你會選哪一個？我猜你選的是 A，也就是得到確定的 900 元，對嗎？在大樣本的資料中，我們發現絕大多數人會選擇這個確定的選項，而不願意去冒險。但你只要稍微算一下就能發現，這兩個選項的期望回報是完全一樣的，都是 900 元。那麼為什麼多數人選擇確定收益，而不是有風險的更大收益？行為心理學告訴我們，因為害怕損失，所以人通常不喜歡有風險的事情。大家會想，雖然只有10% 的機率，但是萬一什麼都得不到怎麼辦？由此穩定的獲得看上去要更有吸引力。

由此例可以看出，不同的風險表現形式也會顯著影響人的決策。但現在如果我把問題改一下，還是請你考慮兩個賭博選擇：

C：你確定會輸掉900元。

D：你有 90% 的可能會輸掉1000元，但還有10%的可能會一分錢也不輸。

這時你會選哪一個？我猜你會選擇賭一把，對吧？大資料的實驗結果證明，大部分人選擇了後者，也就是賭一把，雖然有90%的可能會輸得更多，但至少還有 10%的可能把損失都彌補回來。同樣，如果你計算一下就會發現，這兩個選擇的期望值也是完全一樣的，都是損失900元。那麼為什麼在這種情

況下，大部分人選擇了冒險，也就是那個有風險的選項呢？其實道理是一樣的。因為人們害怕損失，厭惡損失，很難接受確定的900元的損失。於是，人們寧願賭一把，期待那 10% 的機會的出現。

語義效應，歸根到底，講的是資訊對人決策的影響不僅僅取決於資訊內容本身，還包括它的展示方式，也就是這個資訊是如何表達的。傳統經濟學家對此不屑一顧，覺得人原本應該客觀、理性，不被表面現象所迷惑，能看到事情的本質。但很遺憾，大量行為心理學的實驗結果證明，語義效應是一個非常普遍的認知偏差。它的影響無處不在，無論面臨的決策是大是小、決策者經驗是否豐富，它都會有影響。

▶ ENDING · 結語

因為系統 1 喜歡感情用事，所以我們對資訊的表達方式會非常敏感。當資訊凸顯好的內容的時候，我們更願意接受，但當資訊凸顯的是壞的一面，或者隱含損失風險時，我們會盡量規避它。因此，我們既要意識到語義效應對我們的影響，也可以讓它為我所用。

讀到這裡，你能想到語義效應對你產生影響的情景嗎？你能想到如何運用語義效應更好地幫助自己或他人嗎？期待聰明的你找到答案。

行為小錦囊

面對語義效應無處不在的影響，我們該做些什麼？能做些什麼？

我們應該意識到，很多決策的依據很可能是片面的資訊。無論是電臺裡的新聞，還是商家展示的產品資訊，都是經過包裝的資訊，其展示方式本身是有引導性的。所以，對重要的決策，我們要養成從多方尋找資訊，然後再做出判斷的習慣。同一個問題，了解不同的觀點，以及來自不同管道的觀點，往往能讓你對問題本身有更廣泛、全面的認知，也可以避免過於偏頗的決策。

當然，語義效應也可以幫助我們影響自己以及他人做出更好的決策，將它的作用發揮到積極的方面。比如我們可以通過強調潛在的損失，讓他人更加注意某種行為。舉個具體例子：為了鼓勵更多的人定期做體檢、讓更多的人重視體驗，我們可以強調如果不做體檢將會面臨的風險。再比如，為了培養人們注重環保的理念，我們可以採用一些巧妙的宣傳方式，就像這樣一句強調正面意義的話：「世界上沒有垃圾，只有放錯地方的寶藏。」

改變為何如此困難？

在我們的身邊，經常有朋友抱怨生活中的諸多不順，但真有勇氣和決心做出改變的人並不多。改變的困難不僅體現在自己身上，也體現在改變他人上。無論是想影響孩子、朋友、同事，還是客戶，我們似乎總是事與願違。這一系列的現象，都指向同一個問題：為什麼改變如此困難？這背後的心理學原理到底是什麼？如果了解了這背後的原因，我們是否可以做出更有效的設計，使得改變不再那麼困難？

▶ 現狀偏差

行為科學裡有一個名詞叫 status quo bias，翻譯成中文叫作「現狀偏差」，描述的就是上面提到的現象。它指的是大部分人在面臨選擇和決策時，即便目前的選擇並不是最優選擇，甚至可能不是自己之前主動做出的選擇，他們還是傾向於墨守成規，也就是維持現有的狀態。

最早發現這個現象的是兩個經濟學家——薩繆爾森（Samuelson）和澤克豪瑟（Zeckhauser）。他們在 1988 年發表了一篇文章，裡面通過一系列巧妙的實驗證明了人們的現狀偏差傾向。

給大家舉個例子，在其中的一個實驗中，實驗者要求參加實驗的一部分學生想像一下如下情景：

你剛剛研究生畢業，拿到了兩個學校的工作錄取通知。你有如下兩個選擇：
學校 A：中等收入，有很大的機會晉升為教授。
學校 B：高收入，有一定的機會晉升為教授。

大家可以想一下，如果是你，你會選擇哪個？

實驗的結果是，74% 的人選擇了學校 A，雖然薪水不高，但有很大機率能升到教授職位（可見教授職位對大部分人很重要），只有 26% 的人選擇了學校 B，薪水高，但晉升教授職位的機率要低一些。

這個實驗到此並沒有結束。心理學家又讓另外一群學生做同樣的選擇，但把其中的一個選項設定成了現狀。請你和我一起想像一下下面的情景：

你目前在學校 B 任職。最近有另外一所學校 A 向你拋來了

橄欖枝。

你有如下兩個選擇：

留在學校 B：高收入，有一定的機會晉升為教授。

選擇學校 A：中等收入，有很大的機會晉升為教授。

在這種情況下，你會選哪個？

結果是，當學校 B 被設定為現狀時，有79%的人選擇了學校 B，只有 21% 的人選擇了學校 A。而在沒有把任何一個學校設成現狀的時候，只有26% 的人選了學校 B。這個差距是巨大的。這說明什麼？ 即使學校 B 並不是你真心喜歡的學校，但是一旦它是你的現狀，你就不太願意改變它。當然，有人也許會問，如果把學校 A 設成現狀會怎麼樣？你可能已經猜到了，當學校 A 是現狀時，它被選擇的可能性也會大大上升。

所以，這個實驗成功證明了現狀偏差的存在，也就是說，人們都愛保持現狀。而且這種現狀偏差會隨著選擇的增多變得更加明顯。如果你現在面臨的不是兩個選擇，而是三個、四個，甚至更多，比如有好幾所學校或者好幾家公司找到你時，被設定成現狀的那個選項，會顯得更有吸引力。

當然，我只是舉了這篇文章中的一個例子。事實證明，在人們日常的很多決策中，都會呈現這種偏差，比如職業的路徑，醫療保險的選擇，投資組合等等，大部分人在做完第一次決策後會長期保持原有選擇──即使改變可能帶來更好的收益。

▶ 現狀偏差的原因

為什麼會這樣？為什麼我們如此青睞現狀？行為科學中給出了很多種解釋，我比較認可的有以下兩種。

第一種解釋是，因為人們對損失特別敏感，所以導致他們會高估改變的成本。任何改變，雖然有潛在好處，但也需要付出成本。這裡的成本包括轉化成本（比如，為了新工作搬家的成本）、學習成本（到了新的崗位肯定需要學習新的知識）以及克服困難的成本（畢竟是不熟悉的領域，會遇到挑戰，克服困難同樣需要付出成本）。通常情況下，我們會認為成本就是損失。根據研究，對於短期擁有的東西，新的選擇能提供的好處需要達到改變所付出成本的兩倍，人們才願意改變。對於擁有時間長的東西，這個倍數甚至會增加到4倍。因此，對於我們已經習以為常的習慣、工作或生活用品，新的選擇需要提供足夠大的好處，才能讓我們有動力去改變。這也就解釋了為什麼大部分時候人們選擇維持現狀。

第二種解釋涉及我們對生活的控制感。我們只有對周圍的事情和環境擁有控制感，才能降低我們的焦慮感。現狀即便不完美，但我們知道今天會發生什麼，明天也不會差太多，一切就都在可控的範圍內。但如果改變，就有很多不確定，也就會帶來失控的感覺，而這是人們不想要的，會讓我們焦慮、害怕，因此我們從內心裡害怕改變，希望能保持可控的現狀。

▶ ENDING・結語

　　這一節和大家分享的是一個很多人都會發愁的話題：為什麼改變如此困難？現狀偏差普遍存在，主要是因為人們不喜歡改變帶來的損失，會高估改變的成本，再加上人們希望保持控制感，這些都導致改變很難發生。因此，如果想要改變，首先，我們需要能夠觸動內心的原因。這些原因需要足夠重要、足夠深刻；其次，改變需要技巧，這裡包括設定小目標，尋找關鍵習慣，甚至去掉現有選項。希望這些內容讓面對改變時猶豫不決的你有所收穫。

　　讀到這裡，我想問問你：目前生活中哪一點是你最想改變的？你覺得改變的最大阻力是什麼？看完這一節，你有哪些新的想法能促進自己改變？

行為小錦囊

　　既然改變帶來的損失和失控感造成了現狀偏差，那麼我們能做些什麼，讓改變可以不那麼困難？

　　第一點，或許也是最重要的一點，是我們要想清楚是否要改變，為什麼要改變。這裡有兩種情況。一種情況是，你經過仔細權衡，發現現狀不一定不好，新的選擇帶來的收益並沒有那麼大。如果是這樣，也就不該糾結。事實上，有的時候維持現狀就是最優的選擇。但如果是另一種情況，你明確看到現狀的不足，而且有不同的選擇可以提供更好的結果，那麼你首先要做的就是想明白為什麼要改變。改變不能只是因為一個膚淺的原因，如果你想減肥只是因為別人都在減，換工作只是為了買輛更好的車，這些原因很快會失去作用。而真正的改變源於更深入的原因——那些真正觸動你內心的原因，這樣的原因可能是關於家庭、關於自由、關於超越自我、關於奉獻社會的。所以你需要做的是挖掘出想要改變的深層次原因。如果這個原因足夠強、足夠有意義，你就能最大程度地看到改變的好處，並有持久的動力去改變。

第二點，把大的改變拆分成一個個小的改變。改變不可能一蹴而就。有人減肥一開始就說一個月要減25公斤，成功的機率能有多大？一旦達不到目標，心理又會受挫。所以制訂具體的計畫，設定一步一步的小目標就顯得尤為重要。心理學也告訴我們，當我們把一個大目標拆解成一個個小目標，並逐步達到的時候，我們就會感受到進步。這種進步的感覺會給我們更大的動力追求最終的目標。比如說，如果你想讓孩子少看電子產品，多閱讀，那不妨嘗試從每天閱讀5分鐘這一目標開始，從5分鐘，到10分鐘，到一刻鐘，到最後閱讀成為一種習慣，每一個小目標的實現都不那麼困難，你和孩子也會變得越來越有信心。

　　第三點，發揮習慣的力量。之前我讀過《紐約時報》一位著名記者寫的書——《為什麼我們這樣生活，那樣工作？》。書中提到，習慣支配我們絕大部分的決策。而其中讓我印象最深的是，並不是所有的習慣都同等重要。有些習慣被稱為關鍵習慣。顧名思義，這是最重要的一些習慣，它們之所以重要，並不是因為它們很難形成，或者是看起來很重要——恰恰相反，這些關鍵習慣往往是小的習慣，但它的形成會導致連鎖反應，引發其他的習慣。比如有規律地鍛鍊。當一個人開始有規律地鍛鍊時，他也會不知不覺

地開始在其他方面改變。他會更注重飲食健康，他的精神會更好，工作更有效率，對家人也會更有耐心。這就是一個關鍵習慣帶動全方位改變的例子。類似的關鍵習慣還包括堅持記錄你的飲食，甚至包括每天早上起來疊被子。對我自己而言，我的關鍵習慣可能是早睡早起。這點會帶動我的一系列其他方面的改變。所以，不管是我們自己想要做出改變，還是想改變他人，思考如何從一個關鍵習慣入手會帶來意想不到的效果。

選擇越多越好嗎？

　　有一年連續假期，我約一個朋友來玩，想兩家人一起聚聚，但遺憾的是朋友家的小孩子整個假期都安排了課外班。當朋友把孩子的排程發過來時，我心想，現在的孩子太不容易了！望子成龍、望女成鳳是每個家長的願望，所以面對眾多的選擇時，人們總是想著盡可能讓孩子都試試，萬一他要是在某個方面有特長，耽誤了就可惜了。因為人們這樣的心理，課外班蓬勃發展，孩子和家長也越來越忙，但選擇多了真的好嗎？

　　這樣的例子其實還有很多。之前買東西，小到柴米油鹽醬醋茶，大到3C 產品，選擇有限，再加上商場放置貨架的地方也有限，我們可以比較的選項並不多。現在有了淘寶、蝦皮等電商平臺，還有無數的帶貨平臺，你想買任何東西，手機上一搜，都會給你無數的選擇，螢幕似乎總也滑不到盡頭。這讓我們有了更多選擇的權利和自由，但這一定是件好事嗎？

▶ 認知失調

　　我想用一個非常經典的實驗來嘗試回答這個問題。這個實驗來自美國哥倫比亞大學的一名盲人教授希娜（Sheena）。正是她自身的特殊經歷和興趣，讓她成為世界上關於「選擇」這個話題的頂級專家。

　　這個實驗是在加州的一個零售店裡進行的，後來被人們稱為「果醬實驗」。實驗者裝扮成服務人員，在店裡搭起了一個果醬品嘗攤位，招呼路過的顧客前來隨便品嘗。但這裡有一個巧妙的設計，就是在不同的時間段裡，桌面上會擺放不同數量的果醬。在一半的時間裡，桌上擺放了6種不同口味的果醬，另一半的時間裡，桌上擺放了 24 種不同口味的果醬。然後實驗者會偷偷地留在攤位周圍，默默記錄下從攤位邊走過的顧客中，有多少人會停下來品嘗果醬，又有多少人最終會購買果醬。在我告訴你結果之前，你能猜一下嗎？桌上有 6 種或者 24 種果醬，哪種情況下，會有更多的人停下來品嘗？哪種情況下會有更多的人購買？

　　資料顯示，當桌上有24種選擇的時候，路過的顧客中有60%的人來到了桌前，品嘗果醬；但當桌上有6種選擇的時候，只有40%的顧客在桌前停住了腳步。可見更多的選擇的確更有吸引力，想想果醬還有那麼多聽都沒聽說過的味道，人們當然想去看看，嘗一下。但更大的吸引力是否代表更多的購買呢？結果並非如此。在有24種選擇的時候，只有3%的顧客

最終購買了一瓶果醬，但在6種選擇的情況下，最終購買的比例是30％！

人們顯然喜歡更多的選擇，但更多的選擇並沒有轉化成更多的購買，為什麼？因為選擇多了會很難比較，黑莓味道不錯，櫻桃味也很好，還有一個紅莓加草莓味的也好吃，那到底選哪個？這時你會經歷心理學裡提到的一個概念——**認知失調**。認知失調指的是**在同一時間有著兩種或多種相互矛盾的想法，因而產生了一種不舒服的心理狀態**。出現這種狀態會導致什麼樣的結果呢？最常見的就是拖延選擇。除非是必須要選的，否則我就放放，先不選了，以後再說，這樣至少不用選完後悔，心裡總是惦記著如果買了另外一個口味會怎樣。除了買東西，這種認知失調還體現在我們生活的方方面面。例如，當你早上起來，想想最近要完成的一系列任務，優先做哪個呢？工作上的事情緊急，孩子的事情也很重要，自我提升也刻不容緩⋯⋯算了，想不出來，還是先看會兒朋友圈吧，結果半天的時間一晃而過。

面對認知失調，還有一部分人的策略是盡可能地沾上所有的選擇，不讓自己後悔。比如說孩子的興趣班，我很難選擇，那我乾脆就全部給孩子報上，這樣就能不放棄所有的機會。但是結果怎麼樣呢？孩子很累，家長很累，孩子還因此喪失了對學習的興趣。

▶ ENDING・結語

　　我們的生活中充滿了選擇，技術的進步，資訊的流動，也讓我們擁有前所未有的機會去選擇無限的可能。一生中一定要去的個地方，一定要吃的 1000 種食物，類似的資訊在給我們帶來憧憬的同時，也讓我們面臨選擇的痛苦，以及幸福感的下降。希望這一節的內容能讓你對選擇有新的理解，並意識到那句老人經常提醒我們的話──「凡事適度」是有道理的。

　　讀到這裡，我想問問你，選擇過多曾經帶給你哪些煩惱？如果它曾經帶給你煩惱，如何設計生活中的選擇來讓自己和他人感覺更好？期待聰明的你帶給我一些新鮮的答案。

行為小錦囊

我們總希望不要關掉任何一扇門，認為選擇多，機會大；但是越來越多的研究證明，少才是真的多，控制選擇的數量能真正幫助我們擁有更好的人生。那如何應用這個原理，讓我們做出更好的決策呢？我給你提幾點建議：

首先，要聚焦，勇敢地去掉不必要的選項。這裡我用了「勇敢」這個詞，是因為主動放棄一些機會非常需要勇氣。在商學院，大家經常討論的一個詞是「戰略」。其實戰略講的不僅是你要做什麼，更重要的，也更難的是你不做什麼。能聚焦，實際上就是幫你減少選擇的範圍，這樣選擇會相對容易，決策品質會提高，而且你也能把有限的精力花在最重要的決策上。所以，如果你還在考慮是否給孩子報第四個興趣班，或許你可以和孩子一起分析一下，他最擅長什麼，然後縮減到那一兩項上；如果你發現每天有無數的事情從四面八方爭奪你的精力，或許你應該每天早上把當天最重要的一到兩件事寫下來，然後集中精力做完它，之後所有的事情都是額外的收穫，這樣你會在一天結束的時候有更大的成就感；如果你還在考慮在現

有的產品上再加上哪些功能以更好地吸引消費者，或許你應該學學蘋果、小米，讓介面盡可能簡單而不是複雜，因為這樣會簡化選擇，增強體驗。

其次，通過分類簡化選擇。如果你一定要展示更多的選項，以滿足不同人的需求，或者自己不同時間的需求，你可以考慮用分類的方法簡化選擇的過程。同樣多的選擇如果同時擺放出來，會讓人眼花繚亂，無從下手，認知失調會促使大部分人放棄選擇。但如果你從大的分類開始，一步步遞進，把選項有序地展示給大家，就會讓選擇不那麼困難。比如銷售保險產品，通常的做法是先展示出大的保險類別，如車險、壽險等，然後等顧客點進一個類別後，再展示下一層的選擇。

最後，對於某些決策，學會把選擇權留給專家。我的事情我做主，這可能是大部分現代人，尤其是年輕人的想法。但有時自己做的選擇未必能讓你更幸福。之前我讀過一篇讓我很有觸動的文章，內容是我在倫敦商學院的一位同事做的研究。他們研究當人們面臨極其重要但非常痛苦的選擇的時候，做出選擇的主體不同，給人們帶來的情緒影響有什麼不同。這裡的研究物件是那些很不幸的父母，他們的嬰兒處在死亡的

邊緣，更多的治療不會帶來改變，最終這些嬰兒的生命支援系統將被人為終止。被採訪的家長來自兩個國家，美國和法國。在美國，終止治療這個決定是父母做的，因為美國的文化宣導選擇的權利和自由。而在法國，這個決定是醫生做的，家長被默認會接受醫生的決定。同樣是非常痛苦的結果，但兩邊的父母是否會有不同的情緒反應呢？採訪的結果發現的確如此。法國父母所表現出來的悲傷和痛苦要明顯小於美國的父母。法國父母會覺得自己當時是勇敢的，而且鼓勵自己要接受現實。同時他們也會提到孩子在有限的時間裡給他們帶來的快樂以及他們從中學到的東西。相反，美國父母會時常表現出憤怒以及負罪感，他們會說：「如果我當時沒選擇終止治療會怎麼樣？我感覺我給我的孩子實施了死刑。」這些美國父母的主動選擇，雖然是他們自己想做的，卻帶來了更多的負面影響。這也讓我們認識到，並不是所有的選擇都適合我們自己做出。

為什麼放棄所擁有的如此困難？

　　每年換季的時候，我都會對衣櫃裡的衣服進行清理。每次清理的時候，我都會驚奇地發現，我的衣物已經不知不覺堆積成山。有的已經不適合我現在的身材；有的買來時覺得很好看，但是從來沒有穿過；有的已經有了一些汙漬，無法完全洗掉。但是即使衣櫃已經全部塞滿，占據了很多無效空間，我還是固執地留著它們。每次想要處理掉那些不合適的衣物時，我都會想起它們的優點，這讓我難以放棄。你是否也有過同樣的感受，感覺自己擁有的東西無比珍貴，即使後面再也用不上？如果是這樣，那麼我們一起來了解一下它背後的原因——**所有權依戀症**。

▶ 所有權依戀症

　　所有權依戀症這個詞語是理查・塞勒（Richard Thaler）教授最早提出的。他是美國芝加哥大學經濟學教授，同時也

是2017年諾貝爾經濟學獎的獲獎者。他是一個很有趣的人，雖然接受傳統經濟學的培訓，但很喜歡收集一些傳統經濟學無法解釋的現象，並對其進行研究。關於所有權依戀症的研究就起源於一個他觀察到的現象。塞勒教授還在讀博士的時候，有位老師很喜歡紅酒，並在早年收集了一些紅酒，大概每瓶40元。過了幾年之後，這種酒在市場上可以賣到500元一瓶，漲了十幾倍，可是這位老師並不願意賣。但是對於同等品質、同樣年分的紅酒，他也不願意以超過150元的價格再買一瓶。從這位教授的角度來看：同樣一瓶酒，我最多願意付150元去買；但如果這瓶酒是我的，我至少要500元才肯賣。這是不是有點兒奇怪？這個現象也讓塞勒教授覺得無法用傳統經濟學理論來解釋。按照傳統經濟學的價值理論，一瓶酒的價值是穩定的，不會因為我是不是擁有它而改變價格。但這個例子體現出來的恰恰相反。它說明，一個物品的價值，會因為所有權而發生變化。**當你擁有它的時候，你會高估它的價值並給予高定價。這種現象就是行為心理學裡提到的「所有權依戀症」。**

　　這樣的現象在生活中隨處可見。一場萬眾矚目的體育比賽，你可能最多願意花 500 元去買一張現場票，但如果要賣出你手裡的票，可能你的要價至少是3倍；買一隻寵物貓，你最多願意花1000元，但之後如果有人想花2000元買你這隻貓，你會接受嗎？如果你也養貓，我相信你大概會拒絕。值得一提的是，對於所有權的依戀並不僅僅限於物品，我們對於自己的想法也同樣會產生依戀。這裡有一個潛在的隱患，就是我們會變得固執，很難聽取批評的聲音，而且你越成功、地位越高，

對自己想法的依戀症也會越明顯。

▶ 為什麼存在所有權依戀症？

為什麼會出現「所有權依戀症」？為什麼同樣一個物品，一旦擁有，你就會高估它的價值？這同樣是因為厭惡損失。交易中涉及買賣雙方，而雙方的出發點不一樣。對於賣家，也就是擁有者，關注的是失去所擁有的東西的痛苦，而買家關注的是得到它的快樂。行為心理學家發現人對得到與失去的敏感度是不同的。同樣一個物品，失去它所帶來的痛苦要大於得到它所帶來的快樂，而這個比例至少是兩倍。這也就能解釋為什麼對於同一個物品，賣家要的價錢要遠高於買家願意出的價格。

你也許會說，好像這個所有權依戀症並不是所有場景都適用。我們去商場買衣服，超市買牛奶，賣家並沒有表現出失去的痛苦，事實上他們很開心能多賣點。同樣，前不久我還把一些孩子看過的書送給了鄰居家的小朋友，不但沒有任何痛苦，反而覺得很開心！

如果你想到這些，那說明你很敏銳，發現了所有權依戀症的適用範圍。所有權依戀症主要體現在我們不僅擁有，而且會自己使用或者正在享受的物品上，比如前面提到的紅酒、演唱會的門票、寵物等。

對於這樣的物品，所有權會讓你高估它的價值。但是對於本來就是用來交易的物品（就好比商場裡出售的產品）或者已經不需要的物品，這個現象並不存在。

這個現象適用的範疇是不是很有限，對我們其實影響不大？接下來，**我將給你介紹這個現象引申出的幾個重要表現，以及它們對我們生活的影響。**

首先，一樣東西越是來之不易，我們對它的依戀也會越大。換句話說，你一旦擁有一樣東西，就會高估它的價值。而如果這件東西是你經過辛苦的付出才得到的，那你會格外珍惜，也更加捨不得失去。

舉個例子，我剛到美國讀書的時候，幾乎所有的傢俱都是二手的，唯一的新傢俱是從宜家買的一個需要自己組裝的書架。買回家後，我和我先生一起，按照說明書一步一步地把它組裝起來，雖然看著不難，其實把每一步都做對並不容易。到最後，我們還是把最下層的一個板面裝反了，但並不影響使用，只是把粗糙的一面留在了外面，看上去有點不好看。我們猶豫了一下要不要返工，最後決定還是算了。儘管如此，我們還是非常開心，對於這個自己搭起來的書架頗為自豪。現在想想那已經是將近20年前的事情了。之後我們搬過好幾次家，但這個書架一直跟著我們，現在還在孩子屋裡，前不久壞了還請師傅來修了一下。我想這樣的經歷你一定不會陌生。我們之所以對這個書架情有獨鍾，是因為它是我們通過努力組裝起來

的。雖然它不完美，也早就過時了，但我們依舊捨不得丟棄。

看到這裡，你會不會受到啟發？如果你想讓自己或者別人在乎和珍惜一樣東西，就不要讓它來得太容易。通過努力付出後得到的東西，我們會覺得更有價值。這也就是為什麼做一項有挑戰的工作，雖然壓力大，但是完成之後會給你帶來更大的成就感。在家庭關係中也是如此，很多家庭經常會問「爸爸去哪了」，那麼如何能讓爸爸與孩子建立起更深的感情呢？一個好的辦法就是鼓勵爸爸多參與到孩子的養育當中，給孩子換尿不濕，陪孩子騎車、踢球，和孩子一起吃晚飯，聊聊一天中發生的事情。這些固然花時間、占精力，但它帶來的父子感情是金錢無法衡量的。

其次，**我們不僅會對已經擁有的東西產生依戀，對於還沒有擁有但感覺上已經擁有的東西，也會產生依戀。這個現象，我們把它叫作「虛擬所有權依戀症」。**

曾經有這樣一家油畫租賃公司，你可以花少量的錢成為會員，然後租一幅油畫掛在家中。過一段時間後，你需要把它還回去，然後換租另外一幅。當然，你也可以不還，把它買下來。後來發生了什麼？這家公司發現有不少顧客會在租賃到期的時候決定把畫買下來，而且還不怎麼討價還價！為什麼？因為他們覺得，這幅畫在我家牆上掛了一個月了，越看越好看，已經成為屋子的一部分，捨不得拿走了。這種感覺上的擁有，同樣會讓人產生很大的依戀，讓你甚至對價格都沒有那麼敏感

了，而是想趕緊買下來，變成真正的擁有。由此，你就會明白為什麼賣房子的地方一定要有樣品屋，為什麼健身房會讓你先免費體驗，然後再決定是否購買。當然，從反面來看，如果你想在購物中更加理性，當覺得非買不可的時候，你要問問自己：是不是這種虛擬的擁有感讓我有了虛擬所有權依戀症？我真的那麼喜歡它嗎？

最後，當我們高估一件物品的價值的時候，並沒有意識到是所有權依戀症在起作用。 很多時候你覺得其他人會和你有一樣的判斷，認為酒買得太值了，工作意義非凡，自己的孩子聰明絕頂。但別人因為並未擁有這些，對這些事件的評價視角與你截然不同——他們更容易看到不好的一面。

回到剛才書架的那個例子，因為它是我組裝的，所以我就格外喜歡，也會更多關注它好的一面。即使這個書架底層都裝反了，但我看到的是它簡約大氣的設計。但對於別人就不同了，他們可能一眼就會注意到裝反的那一面，於是估低這個書架的價值。這中間的差異也就可以解釋為什麼一開始賣方的要價通常要高於買方願意出的價錢。這也同樣可以解釋為什麼你對朋友圈裡朋友曬出的他們的孩子，會有完全不同的看法。

▶ ENDING・結語

所有權依戀症是一個很有意思的行為心理學現象。它讓我

們意識到：一件物品、一個想法，當它成為我的所有物的時候，我會高估它的價值，因為我害怕失去它。了解了這個現象，我們能夠思考如何積極地應用它，讓自己以及他人接受有挑戰的事情，並從中獲得更大的收穫；但同時我們也應該有所警惕，不要因對所有權的過度依戀而限制提高的空間。

到這裡，本書的第一章告一段落。

在這一部分，我和你分享了情緒對決策的影響。我們會被新鮮和觸發情緒的資訊所吸引，所以謠言往往比真實的資訊更能像病毒一樣迅速傳播；冷熱共情差距提醒我們，在冷靜的時候人們很難預測自己處在情緒激動時候的表現；再者，因為我們對「失去」比對「獲得」要更加敏感，也會墨守成規、選擇困難、出現所有權依戀症等。我們大腦中系統 1 的影響無處不在，而系統 1 決策的一個重要特徵是：跟著感覺走。這些正是影響我們決策和判斷的重要因素。只有認識到這些偏差，我們才能做出更好的決策。

DECISION
LOGIC

—— **02** 懶惰的大腦

系統 1 做決策時有一個捷徑 —— 運用啟發式來做決策，即根據有限的知識以及以往的經驗，在短時間內對當前問題做出判斷。通過啟發式來做決策，有利於我們快速做出決策。這在大部分情形下非常有效，但在某些特定情況下，也會產生系統的偏差。

行為心理學揭示了一系列影響我們決策的啟發式，其中最為常見的有三類，分別是可得性啟發式、代表性啟發式以及錨定和調整啟發式。

丈夫和妻子，誰的貢獻更大？

　　從這一節開始，我將帶你進入本書的第二章，介紹系統 1 做決策的另一個重要特徵——運用啟發式來做決策。啟發式聽起來有些奇怪，它指的是：我們根據有限的知識以及以往的經驗，在短時間內對當前問題做出判斷的一種思維方法。你可以把它想成一系列的思維捷徑。這種通過啟發式來做決策的過程，有利於我們做出快速的決策，在大部分情形下都非常有效。但在某些特定情況下，因為我們以往的經驗與當前的情況貌似相同，但是實際上有很大區別，所以採用啟發式也會產生系統的偏差。

　　行為心理學揭示了一系列影響我們決策的啟發式，其中最為常見的有三類，分別是**可得性啟發式、代表性啟發式以及錨定和調整啟發式**。我會通過一系列有意思的例子分別介紹這三種重要的啟發式。

▶ 可得性啟發式

讓我們先從一個問題開始：

請你猜一下全世界範圍內，每年死於自殺的人多還是死於他殺的人多？你覺得這個比例大概是多少？

我猜你很可能會說死於他殺的人要遠多於自殺的人，對嗎？如果是這樣，你的猜想和大部分人是一樣的。但很遺憾，真實的情況恰恰相反。

我能查到的官方資料顯示，在2017年，全世界範圍內因自殺導致的死亡人數約 79 萬，因他殺死亡的人數為40 萬。所以自殺導致的死亡人數幾乎是他殺的兩倍！事實上，從1990年到2017年，每一年自殺致死人數都要遠大於他殺致死人數。你也許會問，中國的情況如何？資料顯示，中國的狀況和世界整體趨勢完全一致，同樣是自殺比他殺造成更多的死亡，而且年年如此。

那為什麼大部分人會認為他殺導致的死亡人數更多？在思考這個問題的過程中，你會在大腦中回憶之前聽說過的他殺以及自殺的案例。由於他殺被媒體曝光的頻率要遠遠高於自殺，所以你會更容易地想到他殺的例子。而這種容易想到的感覺，會被誤認為是因為他殺發生的頻率高，所以你會做出他殺比自殺造成的死亡人數更多的判斷。

這樣的例子還有很多。比如,是飛機失事的機率更高還是火車失事的機率更高?你可能會脫口而出:肯定是飛機失事機率高啊!可是現實是火車失事機率要遠高於飛機。為什麼你會做出錯誤的估計呢?這是因為飛機一旦失事,場面會十分恐怖,而且各大媒體都會爭先恐後地報導。這些都會給你留下深刻的印象,在之後很容易想起,而這種容易想起的感覺會讓你高估類似事故的發生頻率。

上面例子中所體現的現象就是行為心理學裡提到的「可得性啟發式」。它指的是:**我們用能想到相關例子的容易程度來判斷這類事件的發生頻率。**換句話說,我們會不自覺地將一個複雜的問題替換成一個簡單的問題。例如,判斷自殺的頻率很困難,但我們的大腦偷偷將它換成了一個簡單的問題,那就是:我是否能輕鬆地想到自殺的案例?如果能,那麼自殺發生的頻率就高;如果不能,自殺發生的頻率就低。其實,這個判斷方法是有一定道理的。因為很多時候,如果一件事情經常發生,我們也就更有可能了解它的資訊,從而更容易想到它。在日常生活中,採用可得性啟發式很多時候確實能幫助我們節約一些思考的時間,讓我們做出又快又好的判斷。

但是,在使用這一思維捷徑的時候,我們常常忽略一個現實:除了發生的次數多少,還有很多其他的因素也會影響到我們是否能夠很容易地想到這些資訊,因此我們通過這種方式判斷事件發生頻率的時候,難免會有偏差。

哪些因素會影響事件的可得性，也就是想到它的容易程度呢？這裡大概有三類因素：

　　第一類因素是事件本身的顯著性。在之前的課程中，我們講過人們天生會更關注某些類別的資訊，例如政客緋聞、飛機失事、恐怖事件等，這些事件能給人帶來極大的情感衝擊，媒體也特別喜歡大力宣傳。因此這些資訊也非常容易像病毒一樣被快速傳播，我們會很容易記住並且想到它們。

　　第二類因素是事件和自己的相關度。一般來說，和自己相關的事件會更容易被我們想起。比如，如果我身邊有過自殺的朋友，那我可能會高估人類自殺的比例，因為這樣的實例對我而言相關性很強，很容易想到。

　　最後一類因素，也是比較有意思的一類因素，是我們被要求回憶的相關事件的數量。這是什麼意思呢？研究人員做過一個有意思的實驗。他們招募了一些學生，讓學生們列出一些會增加自己將來得心臟病風險的因素，比如生活習慣、性格等。最有趣的是，其中一半學生被要求寫出3個導致心臟病的因素，而另一半學生被要求寫下8個因素。列舉完之後，每個學生都預測了一下自己將來有多大可能會患上心臟病。這兩種情況下，請你猜一猜，哪組人會覺得自己將來得心臟病的風險更大？結果可能會讓你意外，寫3個因素的那組人認為自己未來得心臟病的風險要更大！為什麼？這裡恰恰是可得性啟發式在起作用。寫下3個致病因素是件比較容易的事情，而這種容易

的感覺會讓你覺得自己的風險很大。（我這麼輕鬆就想到了 3 個和我相關的因素，看來我得心臟病的風險不小呀！）

相反，要寫出 8 個致病因素則比較困難，甚至寫到五六個以後就想不出來了，這種絞盡腦汁的感覺會讓你覺得自己其實沒那麼大風險。當然，這樣的結論還在一系列其他的情境中得到了證實。比如，讓你寫下兩個喜歡寶馬車的原因和寫下 8 個喜歡寶馬車的原因，然後讓你對寶馬車進行評價，哪種情況下你會對它評價更高呢？聰明的你肯定馬上能夠回答出：寫下兩個喜歡的原因──這讓我感覺，列出寶馬車的優點很容易，所以觸發可得性啟發式，我對它的評價肯定很高！

綜合上面這三類因素，我們會發現，這些因素本身並不會影響到事情的發生機率或者好壞，但是會影響我們想到相關例子的難易程度，因而讓我們在使用可得性啟發式時，對一些事件的發生頻率或者好壞產生了錯誤的判斷。

當我們了解了可得性啟發式的局限性之後，下一個重要的問題就是：**人們一般什麼時候會用到這個思維捷徑呢？**

大量的資料證明，人們在精力有限的時候，比如說你累了的時候會用到它；還有一種情景是比較開心的時候，也會用到可得性啟發式。因為開心的時候，人們會更加相信自己的感覺。最後，還有一種很有意思的情況，就是當你覺得自己有權力的時候。當覺得自己高人一等，手握大權的時候，你更容易

輕信自己的直覺。

　　那什麼時候我們會比較少受可得性啟發式的影響呢？可得性啟發式本質上其實就是系統1的思維方式。而過去的研究告訴我們，如果面臨的決策很重要，或者決策與你相關性更大時，系統2就會被調動起來，因而可以扭轉系統1做出的判斷。比如說在那個得心臟病的實驗裡，研究者發現那些有心臟病家族史的學生被要求寫下 8 個因素的時候，因為他們本身對心臟病的了解更多，系統2 會讓他們更加用心地思考各種風險因素，從而意識到導致自己未來得心臟病的因素確實很多，因此認為自己將來得心臟病的風險會更大。

▶ ENDING・結語

　　在這一節裡，我和大家分享的是行為心理學裡常見的啟發式，叫可得性啟發式。我們往往會依賴想到類似事件的容易程度來判斷事件發生的頻率，或者事情的好壞。容易想到的事件，會讓我們覺得可得性很高，這種輕鬆的感覺容易讓我們得出該事件發生的頻率更高的結果。系統1 此時正在發揮偷懶的特性，用一個簡單的問題（是否容易想到某類事件）來代替一個複雜的問題（這類事件發生的頻率有多大）。了解了這個特點，你會明白：對於重要的決策，我們不能輕信這種容易可得的感覺。對於團隊合作，我們也要警惕：因為可得性啟發式，我們很可能會高估自己的貢獻，影響團隊的和諧。

讀到這裡，請你想一想：你有沒有這樣的經歷，根據可得性啟發式做出判斷，後來證明與真相相差甚遠？在了解了它的局限之後，你想做出哪些改變呢？期待聰明的你找到更明智的解決方案。

行為小錦囊

可得性啟發式雖然可以簡化判斷，但是有時候會帶來一些判斷的錯誤。什麼時候我們應該格外小心它的影響呢？

首先，對於重要的決策，在做出最終判斷之前停下來，問問自己：我的判斷到底是因為相關事件在我頭腦裡凸顯出來，讓我很容易想到它們，還是因為它在現實中出現的頻率的確很高？就像我們之前提到的，啟動你的系統 2，它會讓你更加關注真實的情況。

其次，要特別注意涉及與他人合作的情況。比如團隊合作與夫妻之間的合作。心理學家曾經找了 37 對夫妻，讓丈夫和妻子分別獨立完成 20 道題目。這 20 道題目涉及家庭中的一系列責任，比如打掃衛生、買菜、做飯、照顧孩子、和親戚保持聯繫等。對於每一項責任，丈夫和妻子都需要單獨標出自己做出的貢獻。問題是，丈夫和妻子對每一道題目的判斷，加起來會等於 100 嗎？如果你已經成家，你肯定能猜出答案。對於絕大部分題目，夫妻各自認為自己承擔的責任加起來都大於 100！這說明我們總是更容易想到

自己做出貢獻的例子，這種可得性會讓我們高估自己的貢獻，低估對方的貢獻，產生怨懟的情緒。夫妻如此，團隊合作又何嘗不是如此？這給我們的啟示是，無論在夫妻關係中，還是其他的團隊合作中，不要只是站在自己的視角看問題，放大自己貢獻的可得性。我們需要換位思考，合作才能更加和諧有效。

連賭5把都輸了，第6把會贏嗎？

1913年的一個晚上，在美國拉斯維加斯的一個賭場裡，有不少人都在玩輪盤賭。這是賭場裡一種很常見的遊戲，就是一個輪盤被分為36個區域，每個區域有一個號碼，其中一半的區域是紅色的，另一半是黑色的。最簡單的玩法是賭顏色，也就是猜一個隨機轉動的小球最終會停在紅色的區域裡，還是黑色的區域裡。那天晚上，在這樣一個輪盤上，黑色連續出現5次、6次，一直都是黑色。如果是你，下一局你賭什麼顏色？紅色？很多人都這麼想，於是越來越多的人下注紅色，而且不斷加注籌碼，15次、16次依然每次都是黑色。這時現場已經沸騰了，你能想到最終的結果嗎？黑色創紀錄地連續出現了26次！在這樣一個神奇的夜晚，不少人輸得一塌糊塗。

請你想一想，在黑色連續出現的情況下，為什麼你會想賭紅色呢？相信你和大多數人一樣，認為一個隨機轉動的球落在輪盤上黑色和紅色區域的機率應該分別接近50%。所以下次

會停在什麼顏色上，你會根據之前出現顏色的頻率來做判斷。如果黑色已經出現了 5 次，根據 50% 的機率，你肯定會覺得下一次出現紅色的機率很大。

當然，如果黑色連續出現 10 次，你押注紅色的信心也會更大。這裡所體現的就是大腦偷懶的第二種方式——「**代表性啟發式**」，**即對於不確定的事件，我們會把它和我們既定的想法相比較，通過相似的程度來判斷當前事件發生的機率。**回到輪盤賭這個例子，我們對於隨機的看法是黑、紅兩種顏色會輪流出現，所以如果黑色已經連續出現了 5 次，那根據隨機性，下一次出現的顏色機率是紅色。同樣的道理，如果我和你玩拋硬幣遊戲，連續 5 次出現了正面，你可能會猜下一次應該是反面。這就是「代表性啟發式」在起作用。

▶ 代表性啟發式

為了對代表性啟發式有更深入的了解，讓我們看看它首次展現在大家面前的例子。這個實驗發生在1973年，我們姑且叫它「湯姆實驗」。研究者給一所大學的學生描述了這所大學裡一位叫湯姆的學生的特點，然後請他們判斷他最有可能是什麼科系的學生。我在這裡也重現一下這個實驗：

湯姆智商很高，但是缺乏真正的創造力。他喜歡簡單有序的生活、乾淨整潔的環境。他寫的文章比較枯燥，但有時也會

用一些雙關語和科學幻想。他的競爭心很強。他不關心別人，缺乏同理心，也不喜歡和他人交往。雖然他總是以自我為中心，但他有很強的道德感。

在聽完上述的描述後，你覺得湯姆最可能是什麼科系呢？這裡有 9 個選項，分別是工商管理、電腦、工程、人文與教育、法律、醫學、圖書館學、物理與生命科學、社會學。你會選擇哪個科系呢？是不是最有可能選電腦或者工程科系？你的判斷和絕大部分人的選擇非常相似。為什麼？如果你回想一下做判斷的過程，估計會覺得對於湯姆的描述和你心裡典型的理工科學生的形象非常吻合：有點像書呆子，守規矩，不喜歡和人打交道等等。所以你立即斷定湯姆應該是電腦或工程科系的學生。換句話說，判斷湯姆有多大可能性是某一科系的學生，這是一個相對比較困難的問題。但我們把它換成了一個簡單的問題，就是湯姆在多大程度上和一個典型的特定學科的學生相似，通過相似性（或者代表性）來判斷當前事件的可能性，這就是代表性啟發式。

用代表性啟發式來判斷事件發生的可能性有很明顯的優勢。以此為據做判斷很快，而且在很多場景中，它所帶來的判斷也是正確的。比如，身材又高又瘦的運動員很有可能是長跑運動員而不是舉重選手，受過高等教育的人比小學沒有畢業的人更有可能找到高收入的工作等等。**但是，另外一些時候，這種啟發式也會帶來錯誤的判斷，因為我們會忽略一些重要的資訊。**

第一類我們容易忽略的是基礎機率。什麼是基礎機率呢？回到湯姆的科系那個例子，基礎機率就是，在湯姆所在的學校裡，所有的學生不同科系的占比。事實上，在湯姆所在的學校，人文與教育、社會科學等科系的學生占比要遠高於電腦和工程科系。所以，從基礎機率來看，湯姆是人文與教育科系和社會科學科系的機率要大於他是理工科系的機率。當我們採用代表性啟發式時，我們採用的就是系統 1，它會忽略基本的統計知識，不考慮基礎機率，從而導致判斷的偏差。如果你開動系統 2，考慮到各個科系的基礎機率，你會做出更加理性的判斷：在這所大學，任何一個學生，包括湯姆，學習電腦和工程的可能性並不會很高。

　　第二類我們容易忽略的是樣本的大小。這一點在輪盤賭的例子中尤為明顯。我們心裡認為的隨機屬性，可能是「黑紅黑紅紅黑」，也可能是「紅紅黑黑紅黑」，或者其他的組合，總之我們認為在一個序列中出現黑色的比例應該是 50%。但這個判斷與樣本量的大小有關。所謂隨機，指的是一件事情的發生在統計學上對另一件事情的發生沒有任何影響。隨機事件是不可預測的，也就是說不管黑色連續出現了多少次，下一次出現黑色的機率還是 50%。如果樣本足夠大，比如我們觀察輪盤轉上千次、上萬次，其間出現黑色和紅色的比例會各接近一半。但對於一個小的樣本，就像我們看到了 5 次、10 次，甚至 50 次，則什麼樣的組合都是可能的，即使全部是黑色也很正常。但因為人們通常會忽略樣本大小的影響，認為小樣本也有大樣本的屬性，所以覺得連續出現 10 次黑色不可思議。

第三類我們容易忽略的是資訊的品質是否客觀、全面。當聽到關於湯姆的描述的時候，你會默認它是全面、真實的，並因此產生聯想，覺得這就是一個典型的理工科學生。但你沒有考慮的是，這個描述是否真實、全面。這是一個人對湯姆的看法，還是很多人的綜合評價？假如我們短時間內看到一個人表情自信、說話果斷，就判斷他是一位領導，結果有可能大相徑庭，因為，善於欺騙的人短時間內也可以表現出相同的特徵。

▶ ENDING・結語

　　在這一節裡，我分享的是人們做決策時經常使用的第二種啟發式——代表性啟發式。當我們想要判斷一個事件發生的機率時，我們會把這個事件和頭腦中類似事件的典型特徵進行比較。相似度越高，我們判斷其發生的機率也就會越大。這個方法雖然在很多場景下都很有效，但也會給我們帶來系統的偏差。所以希望你從今天開始，在做判斷的時候，想一下基礎機率，不要過分相信小樣本的結論，而且，要學會質疑接收到的資訊。

　　讀到這裡，請你想一想：你有沒有這樣的經歷，根據代表性啟發式做出判斷，後來證明與真相相差甚遠？在了解了它的局限之後，你想做出哪些改變呢？

由此可見，代表性啟發式在很多時候能幫助我們做出快捷有效的決策，但在另一些時候也會讓我們的決策出現系統的偏差。

我們能做些什麼，可以盡量避免它所帶來的錯誤判斷呢？

首先，在做出判斷之前，先考慮一下某一事件發生的基礎機率。湯姆是什麼科系的？我的孩子考上清華大學的可能性有多大？這對新婚夫婦將來有多大可能性會離婚？雖然在每個問題裡，我們都會得到一些資訊，但這些資訊往往是不充分的，那就應該首先考慮基礎機率——大學裡各個科系的學生比例有多大，清華大學的基礎錄取率，以及近期的離婚率有多高？然後在此基礎上，根據你掌握的資訊做些微調。但這種調整大部分時候不應該太大，因為大部分人都不會偏離基礎機率太多。

其次，不要基於小樣本下結論。如果你和兩個某地人做生意被騙了，不要因此下定論某地人不可信。如

果你在一家新開的生鮮網店裡買到物美價廉的三文魚，不要急於推薦給其他人，因為你不知道這樣的品質是否能夠持續。同樣，如果有新聞說某個國家或地區某種疾病的治癒率是100%，不要馬上豎起大拇指，因為這個地方患有該病的人可能本來就寥寥無幾。

最後，對於重要的決策，培養質疑眼前資訊的習慣。我們的系統 1 像個年輕天真的孩子，容易輕信，所以有必要時請調動系統2。當你調動了系統2 的慢思考，你會問：這個資訊屬實嗎？是否經得住推敲？是不是在各個場景都適用？當你不確信的時候，記得回到基礎機率，這樣你的判斷就不會有太大偏差。

煎餅果子裡加雞蛋，
一個還是兩個

相信很多人都看過電視紀錄片《舌尖上的中國》，我也喜歡看這檔廣受好評的節目。每一集，我們全家都會守在電視機旁，饒有興趣地欣賞。其中有一集我印象很深，講的是天津的煎餅果子，裡面特別提到了一個叫楊姐的售貨員。她每天早上在街口迎接排長隊的新老顧客，給他們送上現做的煎餅果子。但我注意到裡面的一個細節：楊姐會對每一位顧客說：「加兩個雞蛋，對吧？」我相信大部分前來的顧客都會說「好」。

那你有沒有想過，如果楊姐不這麼問，而是問「加一個雞蛋，對嗎？」或者「您要不要雞蛋？」，結果會一樣嗎？估計你已經猜到了，大部分顧客對於雞蛋數量的選擇會受到楊姐建議的影響。你會根據她建議的雞蛋數量來做出你的選擇。因此，在這個例子中，她成功地採用了錨定效應。這個「錨」字一般指船錨。錨是用來停船的器具，用鐵鍊連在船上，把錨拋在水底，這樣就可以使船停穩。錨定效應指的是什麼呢？它是

指通過一些方式，在你頭腦裡設一個像船錨一樣的支點，然後影響你的判斷。楊姐建議的那個數字就是一個錨點，它會直接影響你的決定。

▶ 錨定效應

錨定效應的全稱叫「錨定和調整啟發式」，與之前講到的另外兩種常用的啟發式一樣，是一種方便人們在不確定環境下做出判斷的思維捷徑。**具體而言，它是指人們在做估計的時候，會從一個起始點開始，根據需要做出必要的調整，以做出最終的判斷。**這個起始點，就像沉入海底的錨一樣，成為你判斷的起點。

丹尼爾・康納曼和他的合作夥伴阿莫斯・特沃斯基（Amos Tversky）是最早提出錨定和調整啟發式的兩位心理學家。他們的研究可以追溯到 1974 年發表在《科學》雜誌上的一篇經典文章。在那篇文章中，兩位作者通過一系列簡單而又巧妙的實驗，向人們展示了起始錨點對最終數值判斷的影響。下面你會看到其中的一個經典實驗。

請你估計一下，在聯合國的所有成員國中，非洲國家的占比是多少？先別著急回答，在回答這個問題之前，你需要先轉一個幸運輪，輪子上有 0~100 的所有整數。等輪子停在一個數位上之後，你需要先回答：非洲國家在聯合國中的占比是比

這個數字高還是低？如果停在10上，那你要回答的問題就是非洲國家在聯合國所占的比例是大於10%還是小於10%。

在回答完這個問題之後，請你估計一下非洲國家的占比到底是多少。但在這個真實的實驗中，這個幸運輪其實是經過處理的，它只會隨機停在 65 和 10 這兩個數字上。也就是說會有一半的人被隨機分配到數字 65 這一組，我們稱作高錨點組；另一半的人被分配到數字 10 這一組，我們稱作低錨點組。我想請你猜一猜，這兩組人最後對非洲國家的占比估計會有區別嗎？

結果顯示，被隨機分配到65這個數字的那組人，對非洲國家在聯合國中的占比做出的平均估計是 45%。但看到數字10的那組人，對非洲國家占比的平均估值是25%。45%和25%，這個差距非常顯著！你也許會問，非洲國家在聯合國成員國中的占比到底是多少？我去查了一下，1974年聯合國共138個成員國，其中非洲國家43個，占比31%。

在這個例子中，你可以看到，即使錨點跟我們關注的問題完全無關，看到高錨點的那組人最終做出的占比估計也會顯著偏高。這些起始數字對我們後續的判斷有著顯著的影響。起始數字越高，我們後續給出的判斷數字也越大。

上面的實驗雖然簡單，卻給了我們兩點非常重要的啟示。

首先，即使是與當前任務毫不相關的起始數位也可以成為

有效的錨點。那個幸運輪上的數字和最終的判斷（也就是非洲國家的占比）其實沒有任何相關性，但它依舊有顯著的影響。

其次，人們會從錨點出發進行調整，但這種調整往往不夠充分。 看到65數字的那組人肯定會想，非洲國家不可能占到65%那麼高，所以往下調整，最終停在 45%。但這個調整並不充分，還是高於真實的比例。同樣，看到10的那組人也會覺得這個比例好像有點低，於是向上調整，但是也不充分，最終停在 25%，低於真實的比例。

此刻的你一定在問，為什麼會這樣？為什麼一個不相關的數字會成為有效的錨點？而且從錨點出發的調整又往往不夠充分？

我們再次回顧一下剛才那個實驗。當被問到非洲國家在聯合國成員國中的占比時，你可以想像一下大腦是如何運作的。

一種情況是，你是一個知識面非常廣的人，本身就知道這個問題的答案，只需要從記憶中提取這個資訊直接回答即可。

還有一種情況是，因為這個問題很偏，所以對於絕大部分人來說，頭腦中大概是一片空白，無從下手。怎麼辦？此時的你需要一根救命稻草，於是一個毫不相關的數字成了錨點。當然，你其實意識到這個錨點是有偏差的，於是你會努力做出調整。但因為你並不知道真實的數值在哪裡，於是為了避免矯枉

過正，你的調整往往是不充分的。

進一步來看，這個調整的過程是需要系統 2 參與的。它需要斟酌，需要消耗精力，如果因為一些原因，系統 2 沒有被啟動，調整會更加不充分，甚至不會發生。曾經有另外一個很有意思的測試：同樣是讓一些大學生做類似的錨定效應的實驗，但其中一部分學生是在喝過酒之後參加測試，另一部分學生是在沒有飲酒的前提下參加測試。結果發現，頭腦清醒的學生做出了更多的調整，雖然還是不充分；而飲酒後的學生呈現了更為明顯的錨定效應，幾乎沒有做出調整。

其實，錨定和調整啟發式在生活中的應用非常廣泛。下面我再舉兩個小例子，看看起始錨點如何影響我們的生活。

▶ 房價到底是便宜還是貴？

如果有過買房買車的經歷，你肯定會對價格評價有深刻的體會。曾經有過這樣一個實驗，研究者讓一些商學院的學生以及專業的房地產評估師分別瀏覽一個正在市場上出售的房子，給出估值。實驗者根據市場的情況對這間房子的掛牌價進行了操縱，有些人看到的是比較高的標價，另外一些人看到的是比較低的標價。

結果如何？人們的估值非常明顯地受到了房子標價的影

響。那些標價高的房子會被認為更值錢，標價低的也會被低估。更重要的是，這種錨定效應不僅體現在沒有經驗的學生身上，還體現在專業的房地產評估師身上。但這兩類人對於自己做決策的過程有著非常不同的認知。56%的學生承認房子的標價是他們做出最終估值的一個考慮因素，而專業的房地產評估師裡面只有 24% 的人承認房子標價對他們的估值產生了影響！

這個實驗很有意思，它說明：第一，專家並非萬能的，他們和普通人一樣，會用錨定和調整啟發式；第二，專家未必能意識到錨點對他們的影響，或者他們不願意承認，於是更容易過度自信。這個話題我們在之後的內容中還會提到。

第二個小例子你在現實生活中也會經常遇到。現在很多平臺提供了打賞功能，如果你對某篇專欄文章或者某個主播的內容覺得滿意，可以打賞。假設其中一位主播設定的打賞金額是 10 元，讀者可以調整這個數字，大於或者低於這個數字，而另一位水準相當的主播設定的打賞金額是 5 元，讀者同樣可以調整，那麼哪位主播收入會更高呢？沒錯，將打賞錨點設為 10 元的那位主播收入會更高。由此可見，如何設置錨點對最終的收入至關重要。

▶ ENDING · 結語

錨定和調整啟發式在我們日常的判斷中非常常見。這一節

裡分享的是這種啟發式最基本的體現，也就是起始錨點是一個具體數位的情況。但這個錨點也可以不是數字，它還可以是一個概念、一個品牌、一個符號等。這些都有可能產生聯想，並進而影響你最終的判斷。

讀到這裡，我想問問你，除了數字錨點，你能想到非數位的錨點對你產生影響的例子嗎？它產生了正面還是負面的影響呢？下一節，我會繼續分享錨定和調整啟發式，介紹其他類型錨點對人的影響。

如何能讓孩子表現更好？

　　望子成龍，望女成鳳。天下的父母都希望自己的孩子能夠順利成才。關於哪些因素會影響到孩子的學習成績，人們持有不同的觀點。而20世紀60年代的一個實驗，可能會給我們一些啟示。

　　這個實驗是在美國一個小學裡做的，一到六年級總共18個班的同學都參加了這個實驗。研究人員首先讓所有孩子做了智力測驗，然後告訴每個班的老師，根據智力測驗的結果，這個班裡有20%的學生在未來一年裡會在學習成績上有突出的進步，並把這些學生的名字告訴了老師。其實真實情況是，這20%的學生是隨機抽選出來的。

　　8個月之後，研究人員讓每個孩子再次做了之前的那個智力測試，並算出他們兩次成績的差值。結果如何？雖然所有同學的成績都有所提高，但那些被認為會有長足進步的學生，相對於其他同學，分數提高的幅度更加明顯。而且這個現象在低

年級中，也就是一、二年級中尤為凸顯。

想想，這真是一件很神奇的事。明明是同等智商的孩子，當老師認為一部分孩子更聰明時，這些孩子過了一段時間後，的確考出了更高的分數。當然其中可能有多種原因，但最有可能的一個解釋是，老師的期望值形成了一個錨點，而這個錨點也會被傳遞給這些孩子，讓孩子有信心而且有動力向著那個方向努力。

其實這種期望值的作用體現在生活中的方方面面。當你相信你的孩子、你的同事的時候，這種期望值不僅會影響你對他們的判斷，也會影響對方的行動。或許你家小孩每天早上起床上學都是件讓人頭疼的事，但當他被老師選中當數學課小老師的時候，你會詫異地發現，他會自己上好鬧鐘，早早到校，去履行自己的職責。**周圍人的期望值，可以理解為一個錨點。它是一種建議，會引發一系列的聯想，也會影響人的判斷和決策。**

期望值不僅可以對他人起到錨定的效應，也會影響我們自己的行為和判斷。對自己積極的錨定很多時候會給我們帶來正面的效果。當你相信自己的時候，你會更有動力，也更有可能成功。有時候，品牌也會成為錨點，影響我們的判斷。比如，當你是某一品牌的粉絲時，即使它的實際產品品質和其他品牌一樣，你也會感覺它的品質更好。

▶ 女生一定數學不好嗎？

錨定效應有時會有激勵的作用，但有時也會帶來負面的影響，比如偏見對我們的影響。下面我將從大家非常熟悉的例子出發，帶你了解偏見的深遠影響。

首先思考一下，你覺得女生的數學好，還是男生的數學好？你覺得亞洲人的數學好，還是西方人的數學好？我相信在大部分人心裡都存在著兩種偏見，那就是：女生的數學不如男生好；亞洲人的數學比西方人好！

心理學家利用人們心裡普遍存在的這兩種偏見，做了一個非常聰明的實驗。他們找到了一些在美國讀書的亞洲女性，這些人身上同時具備兩種屬性：亞洲人和女性。研究人員把這些學生隨機分成了三組，並讓她們做一個同樣的數學測試。但在做測試之前，每組學生回答了一些不一樣的問題。

在第一組中，學生回答了一些和她們的性別相關的問題，比如：你是否住校？你所在的樓層是只有女生宿舍，還是既有女生宿舍也有男生宿舍？你傾向於哪種安排，為什麼？

在第二組中，學生回答了一些和她們的亞洲人屬性相關的問題，比如：你們的父母或爺爺、奶奶在家說什麼語言？你除了英語還會什麼語言？你在家裡說什麼語言？你的家族在美國已經經歷了幾代人？

前兩組，研究人員叫它們實驗組，因為研究人員主動在這些學生心裡啟動了某種屬性，女性或者亞洲人。第三組是所謂的控制組，學生回答了一些和這兩個屬性都不相關的簡單問題，比如她們對學校的滿意程度等。換句話說，在控制組中，研究人員沒有讓她們主動想起女性或者亞洲人這些屬性。

在回答完這些問題後，所有學生都做了限時 20 分鐘的數學測試，然後研究人員對三組人的成績進行了對比。結果如何呢？這些被提示是女性的學生，她們數學測試的正確率是43%，也是三組中最低的。控制組的正確率是49%。被提示是亞洲人的學生完成測試的正確率是54%，比被提示是女性的學生高11%。

可見，當我們覺得自己不行的時候，我們真的就不行了。這裡或許是因為緊張，或許是因為不夠盡力，但不管是什麼原因，這個實驗都較好地證明了，帶有偏見的錨點會對人產生負面的行為影響。

▶ ENDING · 結語

看到這裡，你已經掌握了心理學中最經典的三種啟發式：根據想到相關例子的容易程度來判斷事件發生頻率的可得性啟發式，根據相似程度來判斷當前事件發生機率的代表性啟發式，以及根據當前錨點數值或期望值來做出判斷和決策的錨定

和調整啟發式。這些啟發式主要通過系統1來實現，能讓我們在快速不費力的情況下做出絕大部分決策。但這些啟發式也會在某些情況下產生系統的偏差，所以對於重要的決策，我們需要調動系統2的力量。系統2能夠讓我們更多地開啟理性思考，雖然並不能保證一定會產生正確的決策，但它會讓我們警惕，減少犯明顯錯誤的機率。

讀到這裡，你能想到錨定和調整啟發式在你的生活和工作中的應用嗎？它們產生了哪些影響？當你了解這些啟發式後，你有什麼新的思考？期待聰明的你找到答案。

行為小錦囊

在這兩節裡，我們學習行為心理學裡三個最基本的啟發式之一：錨定和調整啟發式。我之所以花這麼多的篇幅去解釋它，是因為它無所不在，對我們的判斷和行為有著重要的影響。簡單而言，錨定和調整啟發式指的是我們最先獲得的資訊會成為錨點，從而變成我們做決策的起始點。之後我們會依據錨點做出一些調整，形成最終的判斷。當然，這裡有幾點需要強調：

1. 這個錨點可以是數字，比如商家建議的價格；**也可以是非數位的資訊、概念或者想法**，比如女生用品的概念，比如品牌。這些錨點會成為依據，從而影響後續的判斷。

2. 錨定和調整啟發式中的調整這一步並不是一定會出現的。因為調整是系統 2 的工作，需要付出思考和努力。而人們很多時候並不願意採用系統 2，或者是因為你認為問題不重要，或者是你不願意勞神費力，因而可能根本就不會對從錨點得出的判斷進行調整。即使你採用了系統 2，一個普遍的現象是，你很有可能調整不充分，導致最後的判斷偏向錨點。

3.很多時候錨定效應是發生在我們意識之外的。比如說女生數學不好這一偏見的影響，很多時候其實你並沒有意識到。對於這些負面的影響，雖然不可能杜絕，但你可以嘗試一些方法，爭取盡量避免。如果知道有些資訊會對你的判斷形成不利的影響，你就可以考慮採取一些方法，甚至是一些創新的手段，來回避這樣的錨點。

同樣是評判作業，如果學生的姓名會讓你產生先入為主的印象，是否可以考慮不寫姓名，只寫學號？如果一個人的性別、相貌會讓我們形成不客觀的判斷，也可以考慮如何淡化這些因素的影響。不知道你是不是看過《中國好聲音》這個選秀節目。節目中轉椅子這個環節的設置，使導師對選手的判斷不會受到相貌等錨點的影響，於是那些真正有好聲音的選手也就能夠脫穎而出。

4.通過理解錨定和調整啟發式的原理，我們可以合理地運用它，從而影響他人或自己做出更好的決策和改變。比如在談判的過程中，通過設立合理的錨點，達到好的結果；再比如給自己或者他人樹立合理的目標，從而更好地調動積極性。給孩子設立合理的階段性目標，給員工設定清晰的職業發展路徑，類似這些錨點的設立，可以形成有效的激勵，正向推動人們的行為。

夜燈會導致近視嗎？

也許你聽說過《自然》這本學術期刊，它是一份世界頂級的科學研究期刊，它所發表的每篇文章都會被廣泛傳播，也會產生世界範圍的影響。在1999年的一期中，它發表了一篇關於夜燈是否會導致孩子近視的文章。這篇文章的作者調研了將近500位家長，他們的孩子當時的平均年齡是 8 歲。在調研中他們收集了一系列資訊，主要包括孩子目前是否近視，以及在兩歲之前晚上睡覺時屋裡是否有夜燈等資訊。結果發現，在用夜燈的家庭中，孩子近視眼的比例明顯更高。作者也因此聲稱，夜燈很有可能是導致青少年近視的重要原因。文章一發表就迅速引起媒體極大的興趣，各種評論瞬間湧現，建議讓嬰兒在黑暗中睡覺。聽到這裡，你怎麼想？如果你家裡恰好有嬰兒，你會馬上把夜燈收起來嗎？

先不用著急，聽我給你講完後面發生的事情。

過了一年，也就是 2000 年，《自然》雜誌發表了另外兩篇

文章，分別是兩組研究人員對同一問題進行的研究。結果發現，之前的結論並沒有得到複製。其中一項研究調研了1200多位家長，而且這些家長來自不同的文化背景，他們的孩子的平均年齡是 10 歲。在這個樣本更大的資料中，研究人員發現在嬰兒階段用夜燈和不用夜燈的家庭中，孩子近視的比例沒有區別！也就是說，夜燈的使用並不會增加孩子變近視的可能。這個結論與之前的結論截然相反。

但更有價值的資訊是，在這兩個新的研究中，研究人員發現有另外一個變數和夜燈的使用頻率以及孩子是否近視關係更加緊密，你能想到是什麼嗎？

是父母是否近視！父母如果近視，會更有可能使用夜燈。原因很好理解，因為近視眼晚上看不清。而且父母近視，孩子也更可能會近視，因為遺傳因素在近視形成過程中的作用很大。這兩篇文章的發表，也顛覆了之前的認知，我們終於明白夜燈並不會導致孩子近視。

上面舉的這個例子，體現了科學的進步，能在自我糾錯中發現真理。但同時也揭示了一個重要的現象，就是人們非常喜歡根據不完整的資訊來編故事，特別是編存在因果關係的故事。換句話來說，**人們經常會把兩個或多個事件通過因果關係連接起來。這種因果關系雖然聽上去很有道理，有時候也的確正確，但在很多時候，根據不完整的資訊簡單聯繫幾個事件會帶來錯誤。**

因為，你認為互相聯繫的幾個事件之間可能僅僅是有相關性，但並不具備因果關係。聽到這裡，你也許會有疑惑：相關關係和因果關係的區別是什麼呢？

▶ 因果與相關

為了理解這一點，我們用夜燈和近視眼的例子來聊一聊形成因果關係的三個要求。

首先，因果關係中的原因和結果必須相關。例如，研究者發現夜燈的使用和近視眼比例之間確實是相關的，使用夜燈的家庭近視眼比例更高。所以，相關關係是因果關係的前提。

其次，原因必須發生在結果之前。這個很好理解，比如說在這些被調查的家庭，在孩子變成近視之前他們就已經開始使用夜燈。

最後，也是最為重要的一點，必須是你關注的那個原因導致的這個結果，而不是其他的原因導致的這個結果。比如說，在夜燈的例子裡，是父母近視這一其他因素導致了孩子近視，而不是夜燈的使用導致了孩子近視。如果不近視的父母使用夜燈，孩子近視的可能性並不會上升，所以夜燈並不是導致近視的原因。答案揭曉之後，這個結論很明了。但是很多時候，我們恰恰沒有看到除了我們關注的因素，還有其他一些重要的因

素存在，而它們才是真正的原因。因此，我們會輕易地做出存在因果關係的錯誤論斷。

▶ 為什麼我們的大腦喜歡編故事？

在我們的生活、工作中，這樣的例子其實有很多：

看到別人家的孩子上了某個補習班，然後成績突飛猛進，就斷定是這個補習班的原因，但其實更重要的一個原因可能是這段時間其父母更關注孩子的學習，所以孩子的學習表現更好了。看到朋友最近在吃一種保健品，氣色比之前好，就認定這個保健品必有奇效，於是衝動購買，但你並不知道這位朋友其實也在改變生活習慣，而且其他吃了同樣保健品的人似乎沒什麼效果。

說到這裡，你可能在想，為什麼我們這麼喜歡做因果關係的判斷，習慣性地用因果關係來解釋周圍發生的事情？

這裡主要有兩個原因：

首先，我們需要有控制感。心理學家發現，在這樣一個變化的世界中生存，我們需要對周圍的環境有控制感。當這種控制感下降的時候，我們會感到焦慮不安，產生一系列負面情緒，因此我們就會通過各式各樣的方法提升控制感。面對隨時

隨地出現的眾多資訊，大腦需要一個有效的方法處理這些資訊，並讓我們感覺世界是可控的。於是我們通過建立因果關係，把許多原本不相互關聯的資訊用故事串聯起來，一切也就顯得有跡可尋。你和朋友一起去面試，結果你的朋友拿到了錄用通知，你卻沒有，為什麼？如果能給出一個可以接受的理由，比如他比我要的薪水要低一些，你就可以把這件事畫個句號，也就知道下一次該怎麼調整自己的面試戰術。否則，我們會始終糾結。每一個「為什麼」，只有在有了因果的解釋後，我們才會覺得這個世界是有序的，生活可以繼續。

其次，大腦喜歡簡單的判斷。因為我們的大部分決策都是系統 1 完成的，而系統 1 的一個重要特點就是喜歡簡單的決策方法。通過因果關係敘事的方式解釋我們身邊發生的事情，可以讓世界的運行規律顯得簡單。

▶ ENDING · 結語

我們的大腦偏好通過建立因果關係把很多資訊連接在一起，形成一個順理成章的故事。這讓我們覺得世界是簡單的、可控的，也是有據可依的。這種傾向無疑有助於我們的生存，但同時也會給我們帶來系統的偏差。它讓我們認為世界的隨機性比實際要小，於是低估類似黑天鵝事件發生的機率。所以，作為一個學心理學多年的人，我想給你的建議是，如果你想了解世界的真相，不要過多相信故事，尤其是那些講得極具感染

力的故事，因為它們往往是片面的。多去了解客觀的資料，採用更全面的視角分析問題，並且相信科學實驗的價值。

　　到這裡，本書的第二章告一段落。在這一章，我們了解了系統1做決策時的三種啟發式，了解了大腦喜歡編因果關係故事的原因。那麼系統1除了喜歡用簡單的方式做決策，還有沒有其他的特點呢？從下一講開始，我會開啟這門課的第三部分，為你介紹它的一些其他特點。

行為小錦囊

　　這種通過建立因果關係講故事的方式，能讓我們在複雜的世界中相對輕鬆地生存。但它也會帶來很多弊端，比如開篇關於夜燈和近視眼的例子，會讓我們得出錯誤的結論；再比如我們會努力效仿成功人士的做法，卻發現成功其實很難複製，於是垂頭喪氣。那麼，了解了這些內容之後，我們能做些什麼？

　　首先，我們要意識到人的大腦偏好因果關係，但很多時候，人們輕易做出的因果關係的論斷其實是錯誤的。當人們想要解釋周圍發生的事情，想要證明自己是對的、別人是錯的，或者想要說服他人的時候，往往會草率做出因果結論。但這個世界的無序性其實遠大於有序性。所以下次在你做出因果結論時，多想一下，這中間真的有因果關係嗎？原因一定會導致結果的出現嗎？有沒有這樣的時候：原因出現了，但是結果並沒有出現？經過這樣的思考你會發現，很多時候我們得出的因果關係結論是如此輕率。

　　其次，更為重要的是，你要了解如何科學地測試因果關系的存在。目前科學界公認的一種檢驗因果關係

的方法是實驗法。假設我們認為夜燈會導致近視眼，我們可以通過實驗的方式去測試這個原因是否真的會導致這個結果。最理想的實驗是，你隨機找到兩組嬰兒，一組嬰兒每晚睡覺時不用夜燈，而另外一組嬰兒睡覺的房間裡有夜燈，然後追蹤這些孩子幾年，看看兩組孩子中近視眼的發病率是否有所不同。當然這中間還需要控制一系列其他的因素，比如，嬰兒的健康狀況、父母的視力等。這種通過主動改變條件來觀察結果的實驗，是建立因果關係的黃金標準。

如果你有興趣了解這樣的內容，我建議你找些實驗設計的書籍來看，相信你會從中受益。當然，你可能會說，我們日常生活中哪能事事都通過實驗的辦法來驗證因果關係？那你可以做的是將眼界打開，不僅僅關注你關心的那個因素，還要多想想，有沒有其他的因素在其中發揮作用，這些因素是什麼？它們會不會是更為關鍵的因素？有了這樣一個思考的過程，相信你會更少地陷入編因果關係故事的陷阱。

DECISION
LOGIC

── 03 環境的神奇力量

傳統經濟學認為，人們在做決策的時候，只需要遵循價值最大化的原則。也就是說，如果你認為選擇 A 比選擇 B 好，那麼不管在什麼環境下，你都會堅定地認為 A 好。但事實並非如此。行為心理學的大量研究發現，不同的決策環境會導致我們做出不同的選擇，這也就顛覆了價值最大化的原則。

那麼決策環境具體包含哪些呢？

「誘餌」和「妥協」

　　我的一個朋友，因為換工作要搬到一個新的城市，於是找到仲介，想租房。仲介先帶他看了兩套房，租金都不便宜。我朋友到那兒一看，一套裝修很破，另一套社區環境很不好，都很不滿意。最後，仲介帶他來到第三套房子，價格跟之前的兩套差不多，也很高，但是裝修和社區環境都好不少。我的朋友眼前一亮，立馬租下了這套房子。等我朋友簽完合同回家一想，才意識到這套房子的性價比其實並沒有他感覺的那麼高。周圍有很多類似的房子，有些價格還比這套便宜。但是，當時在前兩套房子的對比下，他覺得自己撿了一個大便宜。其實，這就是一些無良仲介帶客戶看房時的常用伎倆，但是為什麼屢試不爽呢？這就是決策環境在其中發揮的作用，它改變了我們做比較的標準。

　　如果你有過租房的經歷，你會發現除了看房的順序，還有很多其他的因素也會對你有影響。比如說，你的朋友、同事租什麼樣的房子？你的房子是自己住嗎？以後是否會邀請朋友們

來家裡聚餐？這些多種多樣的因素共同形成了你的決策環境。傳統經濟學認為，人們在做決策的時候，通常只遵循價值最大化的原則。也就是說，如果你認為選擇 A 比選擇 B 好，那麼不管在什麼環境下，你都會堅定地認為 A 好。但事實並非如此。行為心理學的大量研究發現，不同的決策環境會導致我們做出不同的選擇，這顛覆了價值最大化的原則。

▶ 那麼決策環境具體包含哪些呢？

不同的學者有不同的看法，我想在這裡給大家介紹我對它的理解。**我認為決策環境包括一系列有可能通過改變決策過程，從而改變決策結果的因素。**

為了讓大家更好地理解，我把這些因素分為以下三類：**資訊展示的方式、做決策時的物理環境以及做決策時的社會環境。**

▶ 誘餌效應

首先介紹第一類因素，也就是資訊展示的方式，在行為心理學裡被稱為「誘餌效應」。

關於誘餌效應，之前我提到過的行為心理學的奠基人之一特沃斯基曾經在 1992 年的時候做過一個很著名的實驗。接下

來，我帶你經歷一下這個實驗。

假設你準備參加這個實驗，可以從兩個報酬中選擇一個，一個是獲得6美元，一個是獲得一支很精美的鋼筆，請問你會選擇哪一個呢？

也許你會非常堅定地說，肯定選 6 美元呀。在當時的實驗中，的確只有36%的人選擇了鋼筆，而更多的人選了6美元。

可是，有意思的是，還有一些參與實驗的人可以從三個報酬中選擇一個：6美元、一支精美的鋼筆、一支很普通的鋼筆。你也許會很好奇：這樣設置的目的究竟是什麼？這支普通的鋼筆肯定比精美的鋼筆差，肯定沒人選，那為什麼要把它放在選項裡呢？

實驗的結果告訴我們，當加入這支普通的鋼筆之後，雖然幾乎沒有人選擇它，但是人們選擇精美鋼筆的比例明顯上升了。

細想一下，這是不是一個很有意思的現象？

如果那支精美鋼筆給你帶來的價值低於 6 美元給你帶來的價值，那麼你應該總是選擇 6 美元。但當普通鋼筆的選項出現時，雖然前兩個選項本身沒有發生任何變化，但這支你根本不會去選的鋼筆卻提升了那支精美鋼筆在你心裡的價值。所以這支普通的鋼筆就好像一個誘餌，使得那支精美的鋼筆更具吸

引力。

　為什麼會這樣？**因為誘餌的出現會讓你自然而然地進入比較的思維模式。**6美元和一支精美鋼筆並不好比較，所以你更多的是根據自身的偏好做決策。如果你需要或喜歡鋼筆，那麼你就會選它，否則你會認為 6 美元有更多的用途。但當那支誘餌鋼筆被加入選擇框架後，這兩支鋼筆之間非常容易進行對比。人天生喜歡對比，而且通過對比得出的結論往往更有說服力。這樣你就有一個更好的理由去向別人解釋，你為什麼選擇了某個產品。

　換句話說，在這個加了誘餌的選擇框架中，我們有一個容易說服自己，也容易向別人解釋的理由。於是當我們面對6美元和鋼筆的選擇猶豫不決時，在精美鋼筆和普通鋼筆中選擇那支精美的鋼筆，就會顯得更加簡單、輕鬆。

　加入這個誘餌之後，是否真的讓選擇變得輕鬆了呢？在這個實驗做完十多年後，兩位明尼蘇達大學的教授用 FMRI（功能性磁共振成像）技術給我們帶來了很有價值的答案。這兩位教授找來一群志願者，讓他們做一系列的選擇，但和之前傳統的心理學實驗不同，這次的實驗，志願者是躺在一個腦部掃描器中完成的。實驗室中，志願者的眼睛正上方有一個螢幕，上面會展示每一道問題，右手邊有一個按鍵，志願者可以通過點擊的方式給出答案。在整個過程中，腦部掃描器會對志願者的腦部進行掃描，看看腦子裡面的狀況。

這個實驗大體分為兩個環節。在第一個環節中,志願者會看到兩個選項A和B。這兩個選項是由實驗人員精心挑選出來的,各有利弊,所以選擇也會比較困難。在做這樣的選擇的時候,研究人員發現人腦中有一個部位被啟動,顯得非常活躍。這個部位就是「杏仁核」,被公認是識別和調節負面情緒的部位。也就是說,當面臨一個困難選擇的時候,志願者會感到焦慮、糾結、猶豫。

但有趣的是,在這個實驗的第二環節,研究者讓志願者看到的選擇題都有三個選項。這裡包含第一環節中的兩個勢均力敵的選項,但還包含另一個選項,也就是之前提到的那個誘餌選項C。你可以把C想成和B很接近,但是明顯比B要差一些,就像我們之前提到的普通鋼筆的選項。這時,志願者必須在A、B、C中做出選擇。神奇的是,當C出現後,腦部感知負面情緒的杏仁核部分變得安靜了,不再像之前那樣活躍——你可以理解為大腦一下子輕鬆了下來,順利地做出了決定。因為C選項的出現,讓志願者在B和C中做選擇變得更為容易,從而讓志願者感覺更輕鬆,不容易產生負面的情緒。

▶ 妥協效應

除了剛剛提到的誘餌效應,還有一個很著名的效應叫作妥協效應。妥協效應在我們的生活中隨處可見。

你走進一家理髮店準備燙頭髮，發現理髮店燙髮的藥水有兩種：一種是比較普通的藥水，定價1000元；一種是效果更好一點的藥水，定價 2000 元。你會選擇哪一種呢？有些人可能就會很糾結，到底是追求價格，還是追求性能呢？最後很多人因為價格便宜而選擇了第一種。

此時，理髮師告訴你，我們還有一種更高級但是價格更貴的產品，價格是3000元。這個時候你面臨三種選擇：普通藥水，1000元；中檔藥水，2000元；高檔藥水，3000元。你會選擇哪一個呢？在這種情況下，多數人會選擇2000元的那款藥水，因為我們感覺它的效果和價格都居中，因此兩方面都可以兼顧，選擇之後不會後悔。

大家發現沒有，這裡有一個很有趣的現象，2000元的那款藥水在單獨和1000元藥水做比較時並沒有吸引力，但是一旦引入了3000元藥水的那個選項，2000元藥水的選項就突然變得無比誘人。產品和價格都沒有變，只是它在選項中的位置變了，它被選中的可能性就迅速增大。這就是妥協效應，它還有一個名字叫作折中效應。它告訴我們，人們在做選擇的時候，更喜歡選擇位於中間的選項，因為這樣的選擇看起來更安全，也更容易。那麼它給我們的啟示是什麼呢？人們通過簡單改變選項在選擇集中的位置，讓它變成一個折中選項，它可以不知不覺地改變人們的選擇。很多理髮店正是了解到這一點，所以設置了一些價格較高的產品，其實目的是為了增加那些中間價位產品的吸引力。

▶ ENDING・結語

　　人們的決策是如此容易被操縱。通過資訊展示方式的精心設計，我們可以改變人做決策的思維過程，從而改變最終選擇的結果，誘餌效應和妥協效應就是其中的典型範例。

　　讀到這裡，我想問問你：除了誘餌效應和妥協效應，你還能想到其他能夠讓選擇變得簡單的方法嗎？這些情境效應會給我們帶來什麼樣的負面影響嗎？

行為小錦囊

你也許會發現，很多時候，你的選擇並非反映了你真實的需求，而是因為商家的一些巧妙設計使你做出了衝動的決策。這樣就可以解釋為什麼我們買了很多東西，當時覺得很值，但事後很少用到，也會讓我們後悔了。

那麼如何做才能抵制類似誘餌之類的影響呢？我給你的建議是，在做決策之前，尤其是購買決策前，問一下自己：這是不是我真的需要的？如果僅僅是因為便宜，在選擇框架中顯得很有吸引力，那你就要提醒自己，不要打開錢包。如果是真正需要的，再貴一點都值得；如果是不需要的，再有吸引力，都應該果斷走開。

當然，從另一面說，想幫助他人做出更好的決策時，我們可以考慮通過選擇情境的設計來實現。比如在選項中加入誘餌，或者是把你推崇的選項變成折衷選項，讓他人可以簡化選擇，減少糾結，做出最有效的選擇。

如何能夠吃得更健康？

　　資料顯示，2017年，肥胖導致全球 470 萬人過早死亡，占當年全球死亡人數的8%。這個比例在1990年只有4.5%。全球有39%的成年人（18歲以上）屬於超重或肥胖。更嚴重的是，在兒童和青少年人群中，超重以及肥胖的比例從1975年的4%增長到2016年的18%。可見，每個年齡段的現代人都面臨肥胖問題。中國的情況也不容樂觀。2018年的統計資料顯示，目前超重人群達2億，也就是每7個人裡就有一個超重。肥胖人群超9000萬，因超重和肥胖引發的糖尿病、心血管疾病等比例也是逐年增加。

　　科學告訴我們，肥胖主要是由於消耗小於攝入所導致的。所以人們常說，要想減肥，先要管住嘴。健身圈內也一直盛傳一句話叫：「三分練，七分吃。」由此可見吃的重要性。那麼如何能吃得健康並適量呢？

雖然專家、媒體都在建議人們多吃蔬菜、水果，少吃垃圾食品，少喝碳酸飲料，多運動，但真正能做到這些很不容易。還記得我們之前講過的冷熱共情差距嗎？冷靜狀態下，就好比你上午意志堅強，吃健康食品，但等忙了一天下班之後，你還能經得住麻辣香鍋和美味甜品的誘惑嗎？同事叫你一起出去喝酒，你有足夠的自控力拒絕嗎？我們在不停地立志，但總是很難成功。

為什麼控制飲食如此困難？因為控制飲食需要自控力，它需要消耗精力，是系統 2 的管轄範疇。但系統 2 並不隨時線上，而且當你累了、睏了、耗盡精力的時候，系統 2 也不可能被啟動。這時候衝動的系統 1 就會帶著你毫不猶豫地接受誘惑。

那怎麼辦？你也許會說，我要努力提高自控力，讓自己變得意志堅強！想法當然很好，但做起來又談何容易。在這一講裡，我想分享的是如何通過改變選擇的環境，助推自己以及他人做出更健康的飲食選擇。

▶ 如何讓 Google 的員工吃得更健康？

在之前的內容中，我主要介紹的是心理學家在實驗室裡做的實驗。這樣的實驗設計嚴謹，結論清晰，但往往樣本量偏小，而且也很難完全體現現實生活中的複雜性。接下來，我想

介紹一個大規模的企業實踐，看看一家企業如何通過改變食堂的選擇環境從而潛移默化地影響員工的飲食決策。

這家公司是著名的Google公司。作為一家全球頂級的互聯網企業，它彙集了全球的頂級人才，而且Google非常強調員工福利，它的自助餐廳以免費和美味而聞名。當然餐廳裡的食物也並不都是健康的，而且因為是免費的，員工也經常拿很多。吃著吃著，一些人就慢慢胖了起來。於是Google開始了一項很重要的行動，提出不僅要讓員工吃好，更要幫助他們做到健康飲食！

他們具體做了些什麼呢？

首先，餐廳裡的盤子從以前的大盤子換成了小盤子。無論是實驗資料還是直覺都會告訴你，盤子越大，你盛的食物就越多，你吃得也就會多。所以把盤子換小一號，從總量上就能有所控制了。

其次，餐廳裡食物擺放的順序發生了變化。各種蔬菜放在了最前面，後面才是肉食、主食以及甜點。而且，餐廳為健康食品貼上了綠色標籤，給高熱量的食物貼上了紅色標籤。這種視覺引導也會影響員工的選擇。那些很餓的員工，往往是先看到什麼就先盛什麼。尤其前面是貼了綠色標籤的食物，拿的時候更是心安理得。等到了後面放置主食、甜點的地方，本來就不大的盤子也基本沒什麼地方了。在不知不覺中，員工吃蔬菜

的比例也就相應提高了。

另外，在餐廳裡隨處可見飲用水以及蔬菜汁，但各種碳酸含糖飲料擺放的位置很有限，而且都是在不起眼的地方。為什麼？因為飲料放的位置不好找，拿它的人也就會減少。

如果你吃完還想外帶食物，你會發現可以外帶的肉卷、三明治等高熱量食物都比外面餐廳賣的要小將近60％！還有一點特別值得一提：調整咖啡機旁擺放的食品。很多人會到餐廳打一杯咖啡。咖啡機做出一杯新鮮的咖啡平均需要40秒鐘的時間。在等待的這40秒鐘裡，人們通常會做什麼呢？他們會吃幾塊邊上的點心，或者拿上幾塊巧克力，帶著一會兒吃。Google的餐廳設計者發現了這個細節，然後做了一個微小的調整。他們把這些不健康的甜食挪到了遠處，大概要多走五六步才能找到，而在咖啡機旁邊擺放了新鮮的水果切塊。這時你會怎麼做？多數人會在等咖啡的時候，拿兩塊水果吃。

這些都是細小的變化。你會發現，其實提供的食物本身並沒有變化，只是選擇的環境有了改變。但這些精心設計的選擇環境，帶來了顯著的效果。拿Google在紐約的分部舉例，這個分部的食堂每天要給超過1萬名員工提供餐飲。兩年前，幾乎沒人早飯會吃蔬菜沙拉，而目前這家食堂每天早飯要提供2300份沙拉；海鮮攝入量提高了85％；礦泉水的需求量是含糖飲料的5倍以上！這些都是非常好的資料，它充分說明食堂選擇環境的改變可以在潛移默化中改變人們的食物選擇，助推

員工的健康飲食。

　　其實這樣的免費食堂還有一個大問題，估計你也能想到，就是食物的浪費。很多人會多拿，吃不完就倒掉。這種浪費在公司和校園食堂都是非常普遍的現象。為了減少這樣的浪費，Google的餐廳和一家協力廠商機構合作，讓廚師隨時可以測量倒掉食物的分量和種類，並根據這些資料更合理地準備食物。不僅如此，他們還會在員工歸還盤子的地方，對剩餘的食物稱重。這雖然是一個小動作，但當人們看到浪費的食物被量化的時候，看到螢幕上的數位，大部分人還是會感到慚愧，也會在之後拿食物的時候更加謹慎。

　　其實這樣的例子不僅限於Google，在我們的身邊也隨處可見。如果你家有上學的孩子，估計也是每天放學後，像個餓狼似的狂吃一通高熱量的食品，然後等正經晚飯的時候就吃不了多少了。我家孩子正是如此，開始我們也是講道理，但收效甚微，於是我們做了一個簡單的改進，就是清理掉櫃子裡的洋芋片和棒棒糖，只提供新鮮的水果和全麥餅乾。孩子開始會抱怨，但因為找不到其他的，就只能開始吃水果，吃著吃著也就習慣了。其實我們做的和Google是異曲同工的事情，通過改變選擇的環境，從而改變選擇的結果。這也就是之前反覆提到的「助推」的概念。

▶ ENDING・結語

　　我們總是希望能做出正確的選擇，但由於精力有限，系統1又容易受到情緒等因素的影響，我們做出的選擇有時會讓我們後悔。在這部分內容裡，我介紹了一些值得借鑑的做法，即通過設計我們的選擇環境，讓選擇變得更簡單，也讓你變得更好。希望這些能幫助你主動改變周圍的選擇環境，讓你自己以及你在乎的他人做出更好的選擇。

　　看完這一節，請大家思考一下：你是否曾經主動改變過自己或他人的選擇環境，效果怎麼樣呢？如果沒有，你是否打算嘗試一下，通過改變環境來改變自己和他人的行為呢？

行為小錦囊

2017 年，諾貝爾經濟學獎的獲獎者理查・塞勒和他的合作夥伴出版了一本書，名字就叫《推力：每個人都可以影響別人、改善決策，做人生的選擇設計師》。在這本書中，塞勒提出，設計選擇環境是一門藝術，但我們每個人都可以成為設計師，通過對選擇環境的設計，巧妙地影響人們做出更好的選擇。

如果你想做一名好的選擇環境設計師，請記住一個原則：讓選擇變得簡單，而且讓渴望的選擇更容易被選到。

那如何讓選擇變簡單呢？接下來，我將給你介紹幾種具體的方法：

第一，讓渴望的選項更容易被關注到。比如像 Google 餐廳那樣將蔬菜放在最前面，讓礦泉水隨處可見，而含糖飲料放在很難找到的地方。再比如，通過視覺化的方法讓健康和環保的資訊更吸引眼球。現在有不少地方都鼓勵大家節約用紙，但有些地方的標識還會加上一個樹輪的圖像，並配以文字「紙用一

圈，樹長一年」。看到這個，相信你在用紙的時候，或許會有所節制。

　　第二，去掉不希望的選項。就像我把家裡的洋芋片扔掉，你也可以簡化可供選擇的選項，這樣不僅讓選擇變得簡單，也會讓渴望的選項突出。如果你想控制自己的購物行為，請把購物軟體放到手機裡不能隨手點開的地方。

　　第三，設計一些選擇的技巧，比如預設選項。大部分人對退休金該怎麼管理都是一頭霧水，所以不少企業會在員工退休金選項中設定一個相對穩健的預設選項，就是如果你不主動改變，這個預設好的選項就成為你的選擇。結果怎樣？絕大部分人都是跟著預設選項走，從而不至於因為自己的衝動損失退休金！同樣的，如果你想存錢，就可以在銀行系統裡設置，預設每個月從薪水中轉存一部分錢到另一個儲蓄帳戶，不知不覺你就有了自己的第一筆積蓄。當然，這樣的技巧還有很多，如果你感興趣，可以找到《推力：每個人都可以影響別人、改善決策，做人生的選擇設計師》這本書讀一讀，相信你讀完會受啟發。

環境會影響決策嗎？

　　如果你現在正在家裡看這本書，我想請你先花一兩分鐘的時間環顧一下你周圍的環境，臥室、廚房、客廳，你對家裡的環境滿意嗎？是雜亂無章還是整潔有序？如果你現在是在路上或其他的場所，也請你想一下你家裡以及工作場所的環境，這些你每天長時間生活、工作的環境是否井然有序？

　　如果不是，你有沒有想過周邊環境的有序性會對你日常的決策有什麼樣的影響？試想一下，如果你晚上下班回來，累了一天，進到家裡卻亂七八糟，各式各樣的東西遍布全屋，你會是什麼心情？然後你打開冰箱或者櫃櫥，裡面塞得滿滿的，還有不少已經過期的食物，你會收拾整理一番，然後開始做飯，還是直接關上冰箱，拿出手機點外賣？

　　有很多心理學家注意到，長期生活在雜亂無章的環境裡的人，往往會呈現出一系列問題，比如免疫力下降、壓力上升、自控力下降、強迫性購物以及暴飲暴食。而我一直對這個領域

很感興趣,這些年也做了許多相關的研究工作,得到了一些有意思的結論。那麼在這一部分,我想分享一下我自己做的一些研究,來看一看雜亂的環境到底會對我們產生什麼樣的影響,同時也讓大家了解一下行為科學的研究到底如何操作。

▶ 雜亂的房間

這個研究由我和我的一個博士生一起完成。我們觀察到,在日常生活中,很多人的生活或者工作環境是雜亂無章的,但是他們似乎並沒有想過這些環境對自己的生活和工作有什麼影響,包括我們自己其實也不確定影響是否真實存在。因此我們決定設計實驗,讓資料來說話。

首先,我們找到了兩個完全一樣的屋子,然後把其中一個屋子布置得井井有條,書桌、椅子、書架上的讀物、文具都擺放有序,乾淨整潔。而在另外一個屋子裡,我們擺放了同樣的東西,但這些物品都放得雜亂無章,書本、文具等都四處散落。然後,我們通過自願報名的方式,在大學校園裡找到了100 多位學生參加我們的實驗。我們把實驗的參與人員隨機帶到其中的一個屋子,完成一系列的任務。而每位參與者都是單獨完成實驗,所以不會受到他人的影響。

在實驗過程中,我們讓參與人員完成一個空間能力的測試。具體內容很像大家小時候玩過的一種遊戲,就是我們給出

一個比較複雜的幾何圖形，要求參與人員用鉛筆一筆描出整個幾何圖形，而且不能重複圖形中任何一個線段。但我們沒有告訴這些參與人員，這個任務實際上是無解的，他們其實不可能一筆畫完所有線段而且沒有重複。所以，你可以把這個題目理解為一個非常有挑戰的測試，我們想觀察的是對於這樣一道難題，這些參與人員堅持多久後會放棄。堅持的時間越長說明他們遇到困難時的自我控制能力越高，也就是他們更願意克服困難。

我想先請你猜一猜，這兩個屋子裡的人堅持的時間會有顯著的區別嗎？如果有，你覺得哪個屋子裡的人會堅持更長的時間呢？

最後的實驗結果告訴我們，在這個困難的任務上，那個雜亂無章的屋子裡的人平均堅持了11分鐘，而那個整潔有序的屋子裡的人平均堅持了19分鐘！整整 8 分鐘，差距是非常顯著的。這個實驗證明了物理環境與自控力之間確實是存在因果關係的。也就是說，相較於有序的環境，無序的環境會導致我們自我控制能力的下降。當然，在這個研究中，我們還測試了一些其他也需要自控力的任務，都得到了相同的結論——**雜亂環境確實會讓我們表現得更加衝動，自控力也明顯下降。**

此刻的你一定在問為什麼。在因果關係錯覺的那個章節裡，我給大家介紹過，所有人都需要對周圍環境以及自己的生活有一定的控制感。如果完全不可控，人們就會產生極大的焦

慮和不安，無法正常生活。控制感越強，也會讓你越放鬆、越自信。當你身處混亂環境之中時，雖然你自己並沒有意識到，但是潛意識裡會感覺對周邊的環境喪失了一些控制感，因此會感覺到失去控制的威脅。

而感受和應對這種威脅非常消耗大腦的能量。我們的大腦就像手機的電池，能量有限，當你用大部分的能量去應付這種雜亂環境帶來的威脅的時候，你就沒有多少精力再去調動系統2來約束自己的行為了。於是，在需要自控力的任務上，也就難免失敗。明白了這個道理，我相信你就能理解為什麼身處雜亂無章的環境中時，你更有可能選擇吃巧克力，而不是健康的水果。

▶ ENDING · 結語

讀到這裡，你會不會突然很有動力去收拾一下自己的屋子，改變一下周圍的環境？如果有，我希望你能堅持，並記錄這些點滴變化給你帶來的改變。一段時間之後，或許你可以把體會分享給你的朋友，我很期待你的改變。

行為小錦囊

　　我們做的這個研究最終發表在消費者心理研究領域的頂級期刊《消費者研究》上。我們的研究結論也得到了媒體後續的報導，特別是《哈佛商業評論》還發表了一篇文章專門介紹這個研究，並提出了一系列的建議。我也想在這裡分享一些建議：

　　首先，物理環境對行為決策的影響是巨大的，而且這些影響往往在你的意識之外。 在這裡我只是介紹了物理環境的一個方面，也就是環境是否有序，其實我和合作夥伴還研究過一系列其他的要素，比如背景顏色、噪音的大小、環境的溫度、亮度以及空間的狹窄程度等對我們生活的影響。這一系列的研究讓我深深意識到環境的作用不容忽視。

　　其次，雜亂無章的環境會讓我們產生失控的感覺，而體驗和應對這種感覺也會在很大程度上消耗大腦的能量。 這使得我們的系統 2 更不容易被調動起來。於是，系統 1 會來主導我們的決策。它懶得思考，看重眼前的利益，因此讓人不再控制自己的飲食，找藉口逃掉體育鍛鍊，或者做一些其他不理智的決定，獲得

暫時的快感或滿足——但事後我們可能會很後悔。

明白了這個現象以及背後的原理之後，我想提的建議就是：從收拾身邊的環境做起，讓書桌、屋子、辦公室整潔起來。這其實就是一個「斷捨離」的過程，收拾清理的過程會讓人們思考什麼才是自己真正需要的，什麼是自己不需要的，哪些該留，哪些該處理掉，最後留下來的都應該是好的、需要的東西。這雖然聽上去是一個小的改變，但它會對人們產生很大的潛在影響。

當然，你也許會說，在我的周圍，有些環境是我自己可以改變的，而有些環境我沒辦法改變，怎樣才能夠在我不能改變的雜亂環境中仍然保持自控地工作、生活呢？這裡涉及一個關鍵點——人的自我控制能力是可以被鍛鍊的，並且在充分鍛鍊的情況下，它會成為一種下意識的習慣，而不需要我們每次都調動系統2來干預我們的行為。

比如說，當你平時持續且有意識地提醒自己健康飲食的好處並付諸行動時，你不僅會看到體重的下降，更重要的是能再次感受到對自己以及周圍環境的控制感。這會給你信心和動力，使你可以堅持，並形成正

向的迴圈。久而久之，你或許會發現，健康飲食、規律生活不再是一件需要努力控制才能實現的事情，它已經成為不費力的習慣。到那時，你就不再需要依賴系統 2 刻意控制自己的飲食，因為新的自律習慣已經成為你的系統 1 的一部分，環境對你的影響自然也會被削弱。

他人在場會影響你嗎？

　　我的研究興趣之一是行為心理學，其實我還有另外一個研究方向，就是社會創新與企業可持續性發展。我一直在關注企業如何通過優秀的商業模式去解決社會問題，進而讓企業可以長久發展。基於這方面的研究，在 2020 年 5 月，中信出版社出版了我的第一本書《未來好企業：共益實踐三部曲》。

　　說到這本書，我要特別提一下我的合作夥伴李夢軍。她是長江商學院的研究員，曾在日本留學多年，如果沒有她這本書是不可能完成的。但我想給大家分享的是書出版後的一個小故事。我們很榮幸地被《哈佛商業評論（中文版）》邀請，在位於北京東直門的由新書店做一場讀書會的活動。我知道夢軍是一位做多於說、不太善於在眾人面前講話的人，但我很想借此機會，讓她挑戰一下自己，可以讓她向更多的人說出她寫這本書的心得。

　　夢軍開始很緊張，為了準備10分鐘的演講，她從幾周前

就開始寫稿，每天練習，中間我還和她一起演練了兩次。看到她那麼大壓力，其實我也想過要不要讓她放棄，但很快這個念頭就被打消了，因為我相信這對她來說是一個難得的自我提升的機會。讀書會的當天，夢軍在現場讀者以及線上近20萬聽眾關注中，娓娓道來，遊刃有餘，在問答環節也做出了很精彩的即興回答。在眾多觀眾面前，她的表現遠好於之前和我練習時的狀態。

看到這兒，我相信很多人深有同感——有些時候，做同樣的一件事情，當周圍有其他人關注或陪伴，相比獨自一人做的時候，你會表現得更好！我也是如此，比如：在辦公室工作，邊上有其他同事在的時候，我的工作關注度和效率都會更高；和別人一起跑步，我跑得更快也更輕鬆。

▶ 社會促進效應

上面描述的這類現象在行為心理學裡被稱為「社會促進效應」。它指的是有他人在場，相比單獨進行，會提高一個人的能力或表現。這個現象早在1898年就被研究者記錄下來。心理學家發現，當自行車運動員和其他運動員比賽時，他們的速度要比自己騎車時更快。類似的結果也在其他的人群和項目中得到確認。

為什麼會這樣？為什麼有他人存在，有時甚至沒有任何互

動，就能讓人們表現得更好呢？一種普遍被接受的解釋是，我們總是想在別人面前展示出最好的一面，所以在有觀眾的時候會更加興奮，更有動力去努力表現。這就好比老闆在的時候，員工的工作效率會更高。這兩年的疫情導致我的很多課程要改到線上，這對我來說其實是一個巨大的挑戰，因為能和學生真正在同一個教室裡討論，我才會有更好的表現。

看到這裡，估計有人會提出質疑：好像我不是這樣，並不是在任何有他人在場的情況下，我都會有更好的表現。相反，有些時候，有外人在，會讓我分神、緊張，表現得更差。如果你想到這裡，那說明你很敏銳。的確，心理學家後來發現，有他人在場，一個人有時會表現得更好，但也有另外一些時候會表現較差，後面的情況被稱為「社會抑制效應」。

▶ 社會抑制效應

什麼時候他人的存在會促進表現，什麼時候會抑制表現呢？

這裡有一個重要的決定因素，就是你本身的能力。如果你擅長某件事情，具備了足夠的能力，有他人在場時，你會有更好的發揮。因為他人的關注會讓你興奮，更有動力去做好。相反，如果某件事情不是你擅長的，或者是剛剛開始接觸，那麼他人在場會讓你分心、緊張，覺得尷尬。越是這樣，身體、腦子越不聽使喚，表現也就更差。試想你剛開始學一門外語，如

果有別人在，你是不是覺得更說不出口；或者剛開始學習打網球，周圍如果有人在看，你會不會覺得不好意思做動作？類似的場景都體現出了社會抑制效應。

▶ 破窗效應

上面我們分享的是社會影響力的一種形式，就是有他人在場，即使沒有任何互動和交流，也會促進或者抑制你的能力表現。**其實社會影響力遠不止上面講到的社會促進和社會抑制效應。周圍人的具體行為也會對我們的行為決策產生系統的影響。**

你有沒有發現，等紅綠燈的時候，只要有一個人闖紅燈，之後就會有更多的人跟著闖？你走在街上，剛喝完一杯飲料，琢磨著把空瓶子扔到哪裡，此刻如果你處在一個髒亂差的環境，看到邊上有人隨手丟棄的垃圾，那麼你也很有可能偷偷把這個瓶子扔在一個角落。但如果此刻你走在一個乾淨整潔的馬路上，周圍沒有任何人隨地吐痰，亂扔廢棄物，那大概你會拿著這個瓶子一直到找到一個垃圾桶再丟棄，甚至有可能直接帶回家。類似的情景還有很多，**這就是心理學裡非常著名的「破窗效應」**。「破窗」表面意思指的是打破了的窗戶，但實際想表達的是那些看似不起眼的違反社會規範的行為，比如在牆上塗鴉，隨地扔垃圾，買票不排隊等，會對他人起到不良的示範作用，於是更多的人會做類似的事情，導致情況越來越差。

《科學》雜誌在 2008 年發表了一篇文章，解釋的就是這種破窗效應如何導致無序和混亂的傳播。文章中介紹了一系列實驗，我簡單介紹其中兩個有趣的實驗。

其中一個實驗發生在一個購物中心的停車場裡。在一種情況下，停車場裡非常整潔，沒有隨便擺放的購物車；在另一種情況下，停車場裡有很多沒有放回原處的購物車，導致停車場裡雜亂無序。在兩種情況下，研究人員在每輛車前車窗的雨刷下都放了一張傳單，然後在邊上默默觀察，看看車主回來後，是否會把傳單隨意地扔到地上。

結果如何呢？在整潔有序的環境下，不到三分之一的車主把傳單丟到了地上，但是當停車場環境雜亂時，超過一半的車主把傳單丟到了地上。這個差距是相當顯著的。

在另一個實驗中，研究者甚至發現一些不起眼的違反社會規範的行為，比如在牆上塗鴉，亂扔廢棄物，竟然能導致更多的人去做出偷竊的行為。

這些都證明了一個重要的結論，就是一些人甚至是少數人的不起眼的違規行為，都很可能導致更多人的跟隨。後來人甚至會在其他領域做出違規甚至違法的行為，進而導致更大的混亂。

為什麼在一個別人都遵紀守法的環境裡我們也會表現得更好，但當別人做出類似砸破玻璃的事情時，我們也會展示出自

己黑暗的一面？

關於這其中的原因，心理學裡有不少解釋，但我比較信服的一種解釋是上面提到的那篇《科學》雜誌上發表的文章裡提出的觀點。我們每個人每天都會同時追求多個目標，但其中有些目標可能是互相衝突的。比如，日常生活中我們希望能夠遵守社會規範、行為得體；但與此同時，我們又想讓自己感覺自由、及時享樂。這兩個目標其實是相互衝突的。遵守社會規範需要約束自身的行為，如果沒有養成自律的習慣，那就需要我們大腦中系統 2 的參與；但及時享樂是相對輕鬆容易、不費力的，更符合系統 1 的天性。而占上了風的目標，就會決定你的行為。此時，他人的行為所起到的作用就是讓這相互衝突的幾個目標中的某一個更加凸顯。

回到之前那個例子，當周圍沒有人隨地亂扔垃圾，街道乾淨整潔的時候，遵守社會規範這個目標會在你頭腦中占主導地位，於是你也就會做出同樣負責的行動；但是如果有人亂扔垃圾，遵守社會規範的目標就會在你心裡被弱化，而那些讓你感覺自由、及時享樂的目標就會被加強，於是你就會隨手扔掉那個空瓶子，甚至做些小偷小摸的事情，滿足自己當下的快感。

沒有人生活在孤島上，我們總是會受到他人的影響。他人的存在會讓我們的能力表現得更好或更差，而具體效果取決於我們做的是不是擅長的工作。他人微小的違反社會規範或者是不道德的行為，有時也會影響我們做出不道德的行為。

▶ ENDING・結語

　　讀到這裡，本書的第三章告一段落。在這一章裡，我介紹了環境對人的行為、決策的顯著影響。這裡包括選擇框架的設計、物理環境的特點以及社會影響力，也就是他人對你的影響。其實環境對人的影響還體現在很多其他的方面。

　　最後，我想問問你，你還能想到其他會對你的行為產生影響的環境因素嗎？它們是如何影響你的行為的？接下來，我們將跳出現有的決策，看看我們的大腦如何處理「過去」和「未來」。

行為小錦囊

在了解了這些社會影響力的表現之後，我們應該如何做呢？在這裡我想提幾點建議：

首先，如果你在做你擅長的事情，可以考慮通過加入他人的關注和參與，激發自己更大的潛力，從而讓自己有更好的表現。當然，如果在做的事情是你不擅長的，或者還在起步階段，你就盡量給自己爭取獨處的空間。沒有獨處空間，就需要鍛鍊自己盡量不受外界干擾的定力。就像我很喜歡的一句話——「跳舞吧，就像沒有人看著一樣」。

其次，「破窗效應」告訴我們，第一扇被打破的窗戶如果不及時發現，儘早補救，就會帶來更大的破壞。同樣，最早做出違反社會規範行為的那幾個人，如果不被制止，也會導致更多的人做出相似的不道德行為。所以，如果你是一個公司的老闆，一個部門的負責人，一家之主，或者一個組織的領導者，**不要忽略那些微小的不良行為，這些不好的苗頭恰恰是需要及時被發現和糾正的。**否則，社會影響力會讓這樣的不良行為傳播、擴大，造成巨大的影響。當然，我們

每個人也有責任不去做第一個打破玻璃的人，而應該讓自己成為正向的影響力。

　　最後，加強社會規範的作用。這一點需要全社會的參與，政府、媒體、教育機構等，只有當講文明、懂禮貌、尊重他人、保護環境這樣的社會規範成為人們心裡一個根深蒂固的理念的時候，大家才不會那麼容易受到他人不良行為的影響，也不太可能成為不良行為的示範。

DECISION LOGIC

—— 04　我們如何記憶過去？

我們的大腦如何處理「過去」和「未來」？

大腦並不像一個「錄影師」，如實記錄過去每一個環節，而更像是一位「剪輯師」，只記錄關鍵點，並不在乎時長。為了講一個好的故事，它的精力更多地放在了事件的高潮和結尾之處。

大腦如實記錄了全部經歷嗎？

　　從這一節開始，我們將會了解人們在記憶、評價過去發生的事情時發生的一些有趣的現象。相信大家都有過這樣的經歷，當別人問起過去的旅行經歷，你第一時間想到的多是一些精彩瞬間，如在海邊看日出、登頂泰山主峰、在遊樂園裡坐驚心動魄的雲霄飛車等。但當有一天你想坐下來整理旅行攻略時，你會突然發現，原來那些光鮮亮麗的經歷中還有很多自己都已經忽略、淡忘、覺得無聊，甚至會讓人無比惱火的細節。比如為了坐雲霄飛車，排了至少兩個小時的長隊；為了聽一場演唱會，不得不從黃牛手中買了高價票。

　　同樣，如果你身邊有一對夫妻走到婚姻的盡頭，你聽到的估計多半是他們對彼此的否定，他們都覺得對方一無是處，後悔當初看錯了人。但如果你有一個時光錄影機，能回顧過往的每一幕，你或許會發現其間不乏美好的時刻，但人們選擇只記住中間不好的感受以及糟糕的結尾。

▶ 峰終定律

當然，這樣的例子還有很多。對此，我們會意識到，我們的大腦對於過去經歷的記憶，並不像是一個「錄影師」，會如實記錄每一個環節，然後把每一環節的感受加在一起，形成對一段經歷的整體判斷。相反，它更像是一位「剪輯師」，或者是一個故事的「導演」。它只記錄關鍵點，並不在乎時長。為了講一個好的故事，它把精力更多地放在了事件的高潮和結尾之處。

這就是 2002 年諾貝爾經濟學獎獲獎者——也就是我之前提到多次的心理學家——丹尼爾·康納曼提出的峰終定律。**「峰終定律」顧名思義，指的是對於過去的經歷，你通常能記住的就是最高點以及終點的感受。**這個最高點可能是很快樂的情景，也可能是非常痛苦的場景。而這個過程中的其他資訊，以及這段經歷的時長，都會被淡忘掉，也不會影響你對這段經歷的整體評價。

康納曼和他的合作夥伴通過一系列的實驗證明了峰終定律的普遍性。其中有一個很經典的實驗發表在《痛》這份雜誌上。聽標題你就可以理解，這份雜誌主要發表一系列和痛相關的研究。這個研究也和痛苦的體驗相關。

不知道你是否聽說過結腸鏡檢查，在那個檢查裡，醫生會將一根導管插入患者的肛門內，通過內窺鏡查看腸道的病變，

並且在腸鏡下進行某些治療。這項檢查現在已經可以在完全無痛的情況下進行，但在20世紀90年代，這項檢查還是相當痛苦的，而康納曼的研究就是在那時展開的。

康納曼和一位醫學院的教授一起設計了這個實驗，並對154位準備接受這項檢查的患者進行了測試。每位患者在接受檢查的過程中，都會手持一個類似滑鼠的設備，通過它在電腦螢幕上指出當前的痛苦程度。患者每 60 秒鐘會被問一次，每次都要在0到10之間打分，分數越高，代表疼痛感越強。

這個實驗最特別的一點是，這項檢查在每個人身上花的時間不同，而且差異很大。最短的只有4分鐘，最長的有67分鐘。在檢查結束後的一個小時，研究者又讓每位患者回顧一下剛才的檢查經歷，並對整個過程中所感受到的總體疼痛做出評估。也就是說，在這個實驗中，研究人員對每一位患者都收集了兩種感受的資訊：一個是在檢查中的感受，也就是每 60 秒一次的提問，這些即時感受的平均值就是他們在檢查中感受到的平均痛感；另一個是在檢查結束後，過了一段時間，他們回顧之前的經歷，然後給出的記憶中的疼痛感。

那我想請你猜一下，患者在這兩個評估中給出的疼痛感評分會一樣嗎？

為了回答這個問題，請想像一個具體的情景：有兩個患者接受這項檢測，A和B。

在檢查過程中 A 和 B 給出的最高值相差不多，都是在 8—
10 之間。但不同的是，A 的檢查持續 8 分鐘，而 B 的檢查持續
24 分鐘。同時，在檢查結束前的最後一次評估中，A 給出的疼
痛感是 7 分，而 B 給出的是 1 分。

也就是說，A 是在很痛的時候結束檢查的，而 B 是在相
對緩和的情況下結束檢查的。那麼對比 A 和 B，你覺得誰體驗
了更多的痛苦？毫無疑問，是 B。他檢查了整整 24 分鐘，是
A 檢查時間的 3 倍，中間最痛苦的感受也和 A 差不多。如果問
我，我也會說 B 的經歷要更加痛苦。如果讓我選，我一定會
選 A 的那個檢查程式，畢竟只有 8 分鐘。

但一個小時以後，當我們問 A 和 B，剛才的體驗有多痛
苦，你知道誰給出的分數更高嗎？

結果顯示，A 覺得更加痛苦！

作為旁觀者，我們會堅定地認為 B 更痛苦，但當事人 A
反而在回憶時覺得更痛苦。我們通常都說，長痛不如短痛，但
是在這裡，長痛戰勝了短痛。

為什麼？因為 A 的檢查時間雖然短，但他的檢查是在最
痛苦的時候戛然而止的。而 B 檢查時間雖然長，但是結尾的
時候很溫和，讓他似乎感受不到痛苦。而終點的感受是影響記
憶的重要節點，所以雖然 B 客觀事實上經歷了更多的痛苦，

但因為結尾相對輕鬆，他回憶起來感受反而比 A 要好。

當然，這裡我只是舉了兩個具體患者的情況，研究者根據所有患者資料的分析，得到了兩個非常清晰的結論。

第一，患者在回憶時對疼痛感的評價與他們在最痛點時的感受，和結束檢查時的感受緊密相連。檢查過程中的最高點和終點越痛苦，他們回憶起來越覺得整個檢查更痛苦。這個結果就是我上面提到的**峰終定律，最高峰的感受和結束時的感受會決定整體的感受。**

第二，患者回憶時的評價與檢查的時長沒有關係。這個現象在心理學上被稱為**「過程忽視」**。也就是說，儘管這個檢查在每個人身上花的時間相差甚遠，但經歷長時間檢查的患者並沒有在事後覺得更加痛苦。

也許你要問，為什麼會這樣？為什麼我們的記憶不是一個錄影師，而是一個剪輯師？為什麼這位剪輯師只在乎高潮和結尾，而不在乎其他的細節，還會忽略過程？

這要再次回到我們之前講到的雙系統理論。在第一章中，我們了解到系統 1 喜歡新鮮、引發情緒的資訊，而且系統 1 喜歡用簡單的方式做判斷。所以在體驗一段經歷的過程中，系統 1 在不知不覺中過濾掉了那些平淡、不重要的資訊，只留下了峰值和終點的感受。這些資訊被輸入給系統 2，形成我們的記憶。

雖然系統 2 在正常情況下一定會說，希望得到盡可能短的痛苦體驗、盡可能長的快樂體驗，但正如上面例子所展示的，我們的記憶會讓我們在當下做出相反的決定：你會選擇一個時間更長的痛苦檢查，只是因為在結尾處醫生對你非常溫柔；你也會選擇一個短暫的美好體驗，而放棄一個更長但結尾處略顯平淡的美好經歷。

▶ ENDING · 結語

過去的很多資訊都會被忽略、遺忘，能留在我們腦海裡的往往只是某段經歷的峰值和終點。這就決定了當我們以記憶為基礎，對當下和未來做出判斷的時候，我們經常會做出錯誤的判斷。但這個硬幣的另一面提示我們，如果想要打造美好的體驗，你需要做的往往不是把每個環節都做到最好，而是一定要有高峰點以及美好的終點。

讀到這裡，我想問問你：你是否發現在生活中會重複犯同樣的錯誤？如果是，請你想一下，每次錯誤經歷後你是如何記錄這件事情的？記憶和當時的體驗是否有很大差距？當你了解了峰終定律，

你是否有新的想法去改進你正在做的一個產品或體驗？

行為小錦囊

記憶過程中的峰終定律，對我們有什麼啟發？

你需要明白，我們感覺到的記憶中的真相並不是我們每時每刻的真實感受，而是我們選擇記住的片面內容。記憶是片面的、不完全客觀的，它也時常會把我們引入歧途。一段不合適的感情，或許因為過程中有特別浪漫的經歷，分手時還有一些美好的感受，於是你的記憶把它歸納成了還算成功的感情，導致你好了傷疤忘了疼，反反覆覆、藕斷絲連。於是你會發現，同樣的錯誤在重複出現。

那麼到底該怎麼做？是該努力優化我們的記憶，還是盡量關注每時每刻的體驗？其實這是一個很難回答的問題。記憶是很難被控制的，我們決定在記憶的長河裡留下什麼，扔掉什麼，很大程度上是在不自覺中完成的。但你需要意識到的是，記憶並不代表生活的全部真相。如果對真相沒有那麼在乎，那你其實無須做任何改變。**但如果你有興趣了解生活的真相，就需要調動系統 2，留意和記錄每時每刻的感受，並時常反思。**

在這裡，我想多談談「反思」這個話題。很多人不喜歡反思，覺得累，沒必要，但很多研究發現，能主動並經常反思的人會成為更好的領導者，也更可能規避相同的錯誤。反思讓你暫停下來，重新審視過程中的每個細節，從多個視角去考慮，得出不同的結論。

在這個過程中，你也會修正你的記憶，使得它能更好地為當下以及未來做出決策。就像決定一份工作的去留，你不僅要考慮其中的巔峰體驗，還要仔細想一想，在從事這份工作的每一天裡你的感受如何。同樣，當你想要衝動地結束一段婚姻關係，你最好能冷靜下來想一想，除了最近那些不愉快的經歷，在這份感情的大部分時間裡，你到底有什麼樣的真實感受。

當然，運用峰終定律也可以幫助你設計更好的體驗。體驗無疑是當下一個熱點的話題。如果想打造一個美好的體驗，讓他人在一次體驗之後記憶猶新、念念不忘，還想再來，就可以考慮在峰值以及結尾處下功夫。如果你也喜歡聽故事、看電影，就會發現好的故事都有一個共同特點，那就是情節會跌宕起伏，一定有高潮，足以打動你。而且往往高潮後不久就會出現結局，因為終點離這個最高點越近，故事給你的印象就會越深刻。如何設計這樣的時刻，值得仔細思考。想必你也能更好地理解為什麼每次旅行結束前的那頓晚餐尤為重要，一個故事的結尾是成敗之筆。

記憶真的值得信賴嗎？

　　不知道大家生活中有沒有聽說過這樣的人：有的人多次家暴，每次事後他都真心懺悔，但是下次他還是犯同樣的錯誤；有的人總是欺騙他人，雖然他明知道這樣做不好，也覺得不應該這麼做，但總是改不了；更有甚者，有些看起來品德很好的人，卻一次又一次地公款私用，收受賄賂，給社會帶來巨大損失。類似的新聞我們經常會在媒體上看到，涉及政治、經濟、商業、體育、教育等你能想到的幾乎所有的領域。這些行為無疑給社會帶來了極大的危害，自然也引起了學術界的關注。

　　大家都很關心一個問題，**為什麼人們在明知道不對的情況下，還會不斷去做不道德的事情？**大部分人都自認為是誠實、遵守道德準則的，如果你做了一次不道德的事情，即使沒有被發現，你心裡也應該會覺得愧疚、後悔、自責，這些不好的感受應該阻止你下次再犯同樣的錯誤，但為什麼沒有出現這樣的結果？

▶動機性遺忘

這一節我想給大家介紹人腦記憶的另一個重要特點——動機性遺忘。這個詞聽上去比較複雜，簡單而言，就是**人們有動力去忘記一些過去發生的事情**，即使他們能夠想起，這些行為的細節也會變得模糊。

這種遺忘有選擇性。人們不大會忘記過往誠實、令人驕傲的行為，而更願意**忘掉過去做過的不好的事情，比如說不道德的行為**。心理學家認為，之所以會這樣，是因為每個人都希望保持自己誠實、有道德的正面形象。但是在實際生活中，有些人又抵擋不住誘惑，做出讓自己深感愧疚的事情。面對這種認知和行為上的差距，他們會覺得很不舒服。於是，他們就有動力不去想那些行為，或者忘掉那些行為的細節，這樣他們還可以繼續認為自己是一個正人君子。

事情真的如此嗎？有兩位學者在2016年發表了一篇文章，介紹了他們怎樣通過一系列巧妙設計的實驗證明了動機性遺忘的存在。

接下來，我將介紹其中一個最觸動我的實驗。

在實驗的開始，有200多人參加了一個擲骰子的遊戲。這些參與人員被隨機分配到了兩組。其中一組，我們叫它「可能作弊組」。這組人在遊戲過程中，有機會通過作弊的方式提高

自己的表現，從而獲得更高的現金獎勵；另外一組，我們叫它「不可能作弊組」，顧名思義，這一組裡的遊戲設計非常嚴謹，使得他們沒有機會作弊。換句話說，我們隨機給一部分人欺騙的機會，而另一部分人並沒有這樣的機會。做完這個遊戲，參與人員就可以離開了，但被告知要在三天之後回到實驗室，參加這個實驗的第二個環節。三天之後，大家又回到實驗室，完成了兩項任務。第一項任務是讓他們回憶三天前的那個擲骰子遊戲。

此時，一件有意思的事情發生了。研究者發現，有作弊機會的那組人員對三天前那個遊戲的記憶明顯更加模糊、更不具體。他們似乎忘了很多細節。

但更有意思的是，在完成這個回憶任務之後，每位參與人員需要在電腦上完成另一個智力任務。在這個任務中，他們需要回答 10 個小問題，答對的題目越多，能獲得的現金獎勵也就越多。問題會逐一顯示在螢幕上，每一個問題參與人員都要在螢幕上選擇是否已經成功解答，做完這個選擇，才能點擊到下一道題。但參與人員只需要選出是否已經想出答案，而不需要真正寫下答案。

因為不需要提供具體答案，這個任務的設計讓參與人有機會通過欺騙的方式掙到更多的錢。那麼研究者怎麼知道參與人員到底有沒有騙人呢？這恰恰是實驗設計巧妙的地方。這 10 個小問題中的第三個問題，是一道之前無人能解答的題目，所以

如果參與人員標注想出了答案，那很大可能說明他是在說謊。

　　實驗結果如何呢？首先，結果告訴我們，參與實驗的人中有一大半的人聲稱他們解出了第三道題。這的確證明了一個很悲觀的現實，就是大部分人在有機會以欺騙的方式獲利的時候，都很難抵抗誘惑。但更值得關注的是，那些在三天前擲骰子遊戲中有可能作弊的人，在這次的智力任務中也更有可能作弊。換句話來說，當你之前有過通過欺騙獲利的行為，那麼遇到新的類似的機會時，你也更有可能欺騙。而且研究者還發現，第一次的作弊行為導致那些人更有可能模糊他們在那個遊戲中的不誠實行為，而這些模糊的記憶，也讓這些人在第二次的任務中做出了更多的作弊行為。

　　這個研究還得出一個很有意思的結論：**我們的記憶採用的是雙重標準**。對於我們自己過往的不道德行為，我們努力不去想它、淡化它、模糊它，甚至忘記它。但是對於他人的不良行為，我們通常會記得很清楚。

　　看到這裡，你或許就能明白，為什麼人們在明知不對的情況下，會一次又一次地欺騙，做不道德的事情。這是因為我們會主動不去想那些讓我們覺得慚愧、自責、與我們自認為的美好形象不符的細節，於是隨著時間的流逝，這些原本可以阻止我們再次犯錯的感受就淡忘了，記憶也模糊了，當下次同樣的機會出現、誘惑來臨的時候，你也就會毫不猶豫地重蹈覆轍。

當然，人類進化到今天，我們的記憶呈現這樣的特點，也有它有利的一面：它讓我們忘記過去不好的感受，能讓我們感覺更好、更輕鬆。但這也會讓人們付出很大的成本，它會讓人重複犯錯，甚至犯更嚴重的錯誤。

▶ ENDING·結語

　　讀到這裡，我也想請你認真地想一想：你會有意淡忘難以啟齒的過去嗎？它會對你有什麼影響呢？你會經常反思嗎？

行為小錦囊

明白了記憶的這個特點，我們能做些什麼？

反思，反省，這個建議同樣適用於規避動機性遺忘。我們的大腦對過去發生的事情進行選擇性記憶，而且還會扭曲事實，但我們又如此依賴記憶，要根據以往的經驗和感受做出當下以及未來的決策。這就需要你能有意識地經常反思自己的行為。

但反思並不容易，尤其是對以往羞於啟齒的事情，反思是一件很痛苦的事情，因為你需要一次次把那個虛假的面具摘下來，面對真實的、有可能是讓你厭惡的自己，一次次扒開那些舊的傷疤，再次感受慚愧、挫敗、羞辱的情緒。這些當然很難做到，我也做不到，畢竟人都是追求快樂、逃避痛苦的。但如果你留心身邊那些令你尊敬的人，他們往往具備這樣的素質。這個過程雖然痛苦，但不斷的反省會讓你記得那些痛，減少下次犯同樣錯誤的機率。臥薪嘗膽、吾日三省吾身，其實講的就是這一道理。

以前，我讀過法國著名的哲學家和思想家盧梭寫

的《懺悔錄》。這本書記錄了他自己的一生，以及他在種種不同境遇中的內心感受。在這本書第一卷的開篇，盧梭寫道：「我正在從事一項前無先例而且今後也不會有人仿效的事業。我要把一個人的本來面目真真實實地展示在我的同胞面前；我要展示的這個人，就是我。」的確，如果你有機會讀這本書，定會深受震撼。盧梭是近代最具影響力的哲學家之一，卻能如此真實地向世人展示自己的本來面目，毫不掩飾其醜陋的一面。比如說，他年輕的時候曾經偷過主人家的一條絲巾，被發現後卻栽贓給家裡的女傭。他不僅把這個過程中的細節描述得栩栩如生，而且為此後悔一生。直到晚年，每當想起這件事，他都會覺得心生愧疚，徹夜難眠。或許我們做不到像他一樣，將自己陰暗的一面暴露給別人，但我們是否可以努力反省自己，做到對自己真實？不要讓那些不道德的過去很快被淡忘掉，而是要時時想起。雖然難受，但這可以增加我們抵抗誘惑的能力，爭取下次不再犯同樣的錯誤。

DECISION LOGIC

— **05** 我們如何預測未來？

不管是對未來要完成的事情過於樂觀的規劃謬誤，還是對自己的各種方面的過度自信，或是對未來發生的事對自己的情緒產生的影響的預測——我們很難對自己的未來做出客觀的預測。

如何規避這些謬誤？怎樣才能做出更好的預測？

為什麼計畫總是不能實現？

　　在生活中，我們經常規劃未來，為未來制訂計畫。就像我在準備整理這本書的同時，也在和三位合作夥伴一起寫一篇文章，這篇文章是基於我們在兩年前做的一個田野實驗，通過實驗我們得到了一些很有意思的結論，然後準備寫成文章投稿。在開始寫作的時候，我們幾個人預測了需要的時間。當時大家覺得資料結論都已經很清晰了，文章的思路我們也有了雛形，估計一兩個月能寫出初稿，然後修改幾輪，最多3個月也就能投稿了。

　　但你能猜到我們最終花了多長時間嗎？整整半年！到最後還是因為雜誌對投稿有截止日期要求，我們才被迫在截止日期當天把文章投了出去。

　　這樣的例子我還能舉出很多，想必在你的周圍也並不少見。你或許也會在每年年初給自己制訂新年計畫，比如堅持每周至少去一次健身房，每個月讀一本書等等。但這些當時看上

去似乎很合理的計畫，真正完成的比例卻很低。這就是大部分人到了年中、年底的時候就不再提年初的計畫，然後第二年再重新制訂計畫的原因。

這樣的例子不僅僅限於個人，也會出現在組織和國家對未來的規劃上。2008年，奧運會在北京成功舉辦。為籌備這次國際盛會，中國在2001年做的第一版預算是16.25億美元，2007年第二版預算是20多億美元。最後，2009年審計署的審計報告顯示，實際支出是22億美元，超出第一版預算1/3以上。

▶ 規劃謬誤

我們生活中的這些例子都指向同一種傾向：對於未來需要完成的事情，人們往往會做出過於樂觀的預測。即使我們一次次地發現計畫趕不上變化，但以往的經驗似乎並不能讓我們在下一次做預測的時候變得謹慎。

這個現象在行為心理學裡被稱為**「規劃謬誤」**。康納曼和特沃斯基，也就是最早提出這個概念的兩位心理學家，認為規劃謬誤的一個重要特點就是**人們對於未來的計畫和預測會不切實際地接近於最理想的狀態**。我們在規劃的時候，覺得未來一切都會按自己的計劃進行，而忽略過程中可能出現的各式各樣的困難，以及不可預測的變數。

我們對未來的預測到底有多大程度的偏離呢？

有一個實驗向我們展示了規劃謬誤到底有多大的偏差，以及它產生的原因。研究者詢問了一些大學生，讓他們預測自己需要多少天能完成期末論文。實驗中，這些大學生被隨機分為三組：

實驗人員讓第一組學生每個人盡可能精準地預測完成論文需要多少天。

而對於第二組學生，實驗人員讓他們想像，如果一切都按設想的計畫順利進行，完成論文需要多少天。

第三組的設計更有意思，實驗人員讓學生們想像，如果一切完全沒有按計劃進行，過程中會出現各種意想不到的阻礙，完成論文需要多少天。

於是我們得到了這三組人對完成論文需要時間的預測。

第一組，也就是被要求做出盡可能準確的預測的學生，預測的完成論文需要的時間平均是 34 天。

第二組，也就是被要求做出最樂觀的判斷的學生，給出的預測時間平均是21天。

第三組，也就是被特地要求想一下最糟糕的情景的一組，學生們給出的預測時間平均是49天！ 34天、21天和49天，三

組的預測出現了巨大的差異。

但這個實驗最精彩的地方在於，實驗者最後收集了這些學生最終完成論文所花的時間。你能猜到真實的平均值是多少嗎？ 56 天。也就是說比最糟糕的預測還多了 7 天，比最樂觀的預測更是多出了 35 天！可見人們對未來的預測會呈現過度樂觀的傾向，而這種傾向會讓我們的預測產生很大的偏差。

那麼我們為什麼會出現規劃謬誤，對未來要完成的任務過度樂觀呢？心理學家發現，這主要是因為**我們會忽略過去的經驗**。

換句話說，人們很難從失敗中汲取教訓。預測是對未來的判斷，它將你的關注點聚焦在未來而不是過去上。這樣一種往前看的心態會阻止你回顧過往的經歷，尤其是那些不準確的預測。更何況，我們的大腦在形成記憶時也會出現動機性遺忘，對於那些讓你有挫敗感的經歷，比如沒有完成的事情，我們的記憶會將它淡化，甚至抹去。於是，過去的經歷也就很難為我們將來的判斷提供寶貴的資訊。

人們是不是對所有的預測都會呈現過度樂觀的趨勢呢？

其實不然。上面講到的這個研究裡通過另外一個巧妙的實驗，發現我們對自己未來的預測會過度自信，但是對他人的預測並不會有這個傾向。相反，我們大概還會做出相對悲觀的預

測。

為什麼？資料顯示，當我們對自己的未來做預測的時候，滿腦子想的都是將來如何按設想好的計畫一步一步實現目標。但當我們對他人的未來做預測的時候，則會採用更全面的視角，會考慮到這個人以往的表現，過去是否能按時完成任務，以及在過程中可能遇到的困難。因此，在對未來進行預測時，我們總是寬於對己、嚴於待人。

▶ ENDING・結語

樂觀，甚至是過度樂觀，有它存在的原因和價值。在很多時候，面臨困境和挑戰，樂觀的心態能讓你有繼續前行的勇氣。它同樣也是創業者身上一個普遍具備的素質。但就像一個硬幣的兩面，過度樂觀會讓我們對未來的預測出現規劃謬誤，可能會引導你做出將來後悔的決策，並因此付出超出你想像的成本。

看到這裡，我想問問你，你如何看待規劃謬誤這個現象？對你自己未來的判斷，你會有過度自信的傾向嗎？它有沒有給你帶來很糟糕的結果？期待聰明的你能有所收穫和改變。

規劃謬誤是一個非常普遍的現象。我們怎樣做才可以減少規劃謬誤、克制對自己未來預測的過度樂觀？

在這裡我想提三點建議：

首先，參考自己以往類似情況的資料來做出對未來的預測。前面提到我們對未來做預測的時候，通常只關注遠方的星辰大海。但如果你能調動系統 2，在做出預測之前先想一下上一次類似的情況，就會發現實際完成的時間多數大於預想的時間，你也就有可能做出相對謹慎也更客觀的預測。當然，這需要自省，需要調動系統 2，它並不是自然而然發生的。

其次，多關注外部資料，也就是他人的意見。人們總是傾向於關注內部意見，包括自己的主觀判斷、自己人的意見，但排斥甚至都想不到尋求外部的意見。這裡我想給你提一個建議：要養成習慣，有意識地尋找和應用外部的意見。

還記得我們之前講過的錨定和調整啟發式嗎？我們

可以將它用於對未來的預測。假設你需要對房屋裝修做一個預算，那你可以先了解一下你們社區裝修的平均單價是多少，這個基礎資料可以作為你預算的錨點，然後基於你的情況的特殊性，再在這個錨點上做出一定的調整。

上面兩點建議都是針對個人的，但我提到的規劃謬誤不僅體現在個人身上，也會體現在組織機構上。對於一個組織，比如一家企業，在投資預算過程中如何盡量規避規劃謬誤？答案是依據科技，依靠大資料的力量。人為的判斷，尤其是系統 1 的衝動，會自然而然地讓我們做出過度樂觀的預測。但如果在組織中形成資料分析體系，根據以往資料以及外部的資料做出對未來的預測，就更有可能減少預測的偏差。

鏡子裡的我能打幾分？

在開始這一講的內容之前，請你認真看一看鏡子裡的自己，你覺得自己的相貌大概處於什麼樣的水準？從 1 到 10 打分，你會給自己打幾分呢？

也許你對自己的相貌很有自信，也許你會對打分有點保留。但是心理學家告訴我們，我們大部分人對自己相貌的評價其實都比周圍其他人對我們的相貌評價更高一些。除了覺得自己比別人更美，很多時候我們還會覺得自己比別人強，呈現出過度自信的趨勢。

那麼自信和過度自信有什麼區別呢？

自信是充分承認自己的真實能力。而過度自信體現在，大部分人都會覺得他們在很多維度上比一般人要更好，也就是心理學提到的「比平均值好」的現象。

▶ 過度自信

　　心理學家艾利克（Alicke）在 1985 年的一篇文章中提出了這個現象。他給參加實驗的大學生展示了一系列性格特徵，這些特徵有些是好的，比如有責任心、可靠、值得信任等，也有些是不好的，比如愛騙人、懶惰、自私等。這些學生要在每一個特徵上給自己打分；同時他們還要給大學生這個群體的平均值打分，也就是說每一個特徵在多大程度上可以描述一個典型的大學生。

　　結果發現，對於那些好的特徵，人們給自己打的分數要高於其他大學生的平均水準，但對於那些不好的特徵，人們給自己打的分數要低於平均值。這個現象後來又在其他領域得以複製，比如大部分企業高管都認為自己的能力高於平均值，足球運動員普遍認為自己的球感勝過他們的隊友，人們覺得自己得癌症等疾病的可能性要低於他人等等。

　　請你回憶一下，你是不是也曾有過類似的想法？如果你也深有同感，那麼你也許會問，我們所有人過度自信的程度是一樣的嗎？ 有沒有哪些人更容易過度自信呢？

　　克魯格（Kruger）和鄧寧（Dunning）兩位心理學家在1999年發表了一篇很有影響力的文章，對這一現象進行了進一步的研究。他們不僅複製了之前的結論，即大部分人會呈現過度自信的趨勢，**更重要的是他們發現這種過度自信在能力差的人群**

中尤為凸顯。也就是說，越是能力差的人越會高估自身的能力。

在其中一個實驗中，一些學生被要求完成20道題目，以測量他們的邏輯分析能力。而這些題目是有標準答案的，所以可以衡量出每個人的真實水準。做完之後，研究者讓每個學生估計一下他們的邏輯思維能力相對於同班同學是在什麼水準。結果如何？學生們對自己能力判斷的平均值是66%，也就是說平均一下，每個人都覺得自己的邏輯分析能力要高於66%的人。這顯然是有問題的，明顯高於50%這個真實的平均值。

更重要的是，這個偏差主要是由表現最差的那部分人導致的。研究人員根據每個人的實際成績把學生分成了四組，成績最差的那組人也是對自己能力高估最多的人。雖然他們的實際成績只超過差不多1/10的被測試者，他們卻認為自己的能力超過了2/3的測試者！而表現最好的那1/4測試者，反而略微低估了自己的能力。**這個現象後來也被稱為「鄧寧–克魯格效應（Dunning-kruger effect）」，也就是以這兩位學者的名字命名的現象，特指越是能力差的人，越會高估自己的能力。**

為什麼人們會普遍高估自己的能力以及好的特性，而且這種傾向在表現差的人群中會更加凸顯？學者們給出了各種解釋，其中一種解釋是，人們希望自己擁有好的特性，這樣的動機會讓他們扭曲事實。除了動機之外，還有一個更讓我覺得有價值的解釋就是，對於實際水準低的那些人，他們表現差是因為能力的匱乏，但與此同時，這種能力的缺失也使得他們無法

辨別什麼是好的表現，所以看不到自己的無能。而且即使周圍有比自己能力強的人，他們也無法通過對比看到自己的缺陷，從而調整對自己的判斷。

為了證明這一點，在另外一個實驗中，這兩位心理學家把測試分成了兩個環節。第一個環節和之前一樣，讓人們做一些測試，然後預估自己相對於其他人的水準。如前面所講，人們對自己水準的平均估值顯著高於50%，而最大的高估體現在表現最差的那1/4被測試者中。但這個實驗中還加入了巧妙的第二個環節，就是在過了一段時間後，把表現最差的那1/4被測試者和表現最好的1/4被測試者再次叫回實驗室。這次，實驗者讓他們先給其他人之前完成的測試打分，也就是給這些人一個了解其他人水準的機會。之後，實驗者再次讓這些人對自己之前的表現進行評判，相對於其他人，你覺得自己在什麼位置。

結果發現，能力差的那些人無法準確評判其他人的答卷，對自己的評價也沒有發生改變，仍然是嚴重高估自己的能力。但表現好的那些人在給其他人判完分後，意識到其他人不如自己，於是上調了對自己的預估，也更符合真實的結果。這說明，表現差的人，不僅沒有能力做出更好的答卷，也沒有能力辨別什麼是好的表現，所以無法看到自己的無能，於是體現出過度自信。

那應該怎麼辦？聰明的你也許已經想到了，**要想讓缺乏能力的人更加客觀地評價自己，首先需要讓這些人提高能力，能**

辨別什麼是好的表現。於是在最後一個實驗中，這兩位心理學家把表現最差的 1/4 被測試者分成了兩組，並給其中一組進行培訓，通過有效的訓練提高了他們的邏輯分析能力，然後再讓他們對自己之前的表現做出判斷。這次，這些人明顯降低了對自己之前表現的判斷——雖然仍然高於他們的真實水準。

這裡我只是選取了一篇文章中的實驗，來證明人們往往高估自己的能力，而且越是能力差的人，過度自信的傾向會越明顯。除此之外，還有研究發現，自認為有權力的人，也會呈現出過度自信的傾向。這也是我們看到很多成功人士在功成名就之後更容易有較為狂妄的表現的原因。

▶ ENDING・結語

人們普遍會對自己的能力表現出過於自信的趨勢。雖然自信是個好的特性，但過度、盲目、高傲的自信，會給你帶來諸多負面的影響。因此，我們要常常自省，客觀審視自己。從別人眼裡看自己，對未來做判斷時，不僅要關注內部也就是自己的想法，更重要的是要關注外部的意見。因為他人的意見往往不帶有太多感情色彩，也更客觀。最後通過具體的努力提高自身能力，這樣也就能做出相對客觀的判斷。

最後，我想問問你：你覺得自己是一個過度自信的人嗎？體現在哪些方面？在了解過度自信的真相後，你有什麼具體的想法去改進嗎？

行為小錦囊

有不少研究證明，對自己有清晰的認知會帶來很多好處，包括更親密的關係、更好的工作表現以及更有效的領導力。

但如何才能讓我們看到客觀的自己？這裡我想基於大量心理學的研究，給大家幾點建議：

第一，多問問別人。我們通常是戴著具有美顏功能的眼鏡看自己，難免會有偏頗。但我們周圍的人——家人、朋友、同事往往會看得更客觀。組織心理學裡有大樣本的研究發現，同事比自己能更準確地判斷我們的個性如何影響我們的工作表現。當然，客觀批評的話並不好聽，如果你是一個聽不進意見的人，周邊的人估計也不願意告訴你，費力還不討好。所以，我們首先要有一個開放、平靜的心態，無論是在家庭中還是工作中，都要創造一個友好、放鬆、能說真話的環境，通過頻繁的交流，從別人身上了解到客觀的自己。

第二，記日記，經常反省。反思，即從自己的經歷

中更準確地了解你自己。上次的任務你完成得到底怎麼樣？為什麼你覺得比你差的同事反而比你做得更好？到底哪些方面是我的強項，哪些是我的弱點？能剖析自己本身也是一種修煉。這也會給我們自己建立一個資料庫，不定時去思考總結，從而更加了解自己。

　　第三，也是最重要的，是意識到大多數人，包括你和我，都有過度自信的傾向，而這種傾向在能力本來就差的人身上會更為嚴重。這好似一個迴圈邏輯，如果我們想更客觀地認識自己，首先要提高辨別好與壞、高與低的能力，而這種能力只有通過不斷地學習才能獲得。而提高了辨別能力，我們自身的水準也自然而然地得以提高。在此時，積極行動、主動學習會發揮重要的作用。

　　組織心理學家塔莎・歐里希（Tasha Eurich）教授做了一系列實地研究，她發現很多人在經歷挫敗後，雖然能調整對自己的評價，但卻陷入追究原因的旋渦。為什麼我的獎金比他少那麼多？為什麼我和孩子、伴侶沒有自己渴望的交流？為什麼我的工作讓我覺得毫無意義？當然思考「為什麼」是件好事，但遺憾的是很多事情背後的原因往往並不清晰，或者是在

潛意識裡我們意識不到。於是我們或者陷入無限糾結之中，或者創造出新的理由。歐里希教授發現那些能夠成功提高自我認知的人（其實並不多）都有一個共同點，就是他們並不沉溺於一味地問「為什麼」，而是更多地思考「能做什麼」去改變現狀。我能做什麼讓我明年拿到更多的獎金？

能做什麼讓我和家人有更高品質的交流？能做什麼讓我覺得工作有意義？雖然這只是一個思維方式上的變化，但這一點點變化，從思考「為什麼」到「能做什麼」，或許可以讓我們更快地行動起來，提高自身的技能，從而也能更客觀地了解自己。

我們能預測未來嗎？

請你先想像一下下面的兩個情景：

情景一：你千辛萬苦終於追求到了心愛的人，並要在半年後攜手走入婚姻的殿堂，你覺得那時你會有多開心？這種興奮會持續多久？

情景二：你意外車禍，導致高位截肢，你覺得你會有多絕望？那種痛苦的感覺會持續多久？

之所以讓你設想這兩個情景，是因為我身邊就有這樣的真實案例。我的一個朋友千辛萬苦追求到了他夢寐以求的女生，他當時興奮不已。但好景不長，過了不到兩年，就沒什麼消息了，後來才知道兩人很快有了矛盾，不久就分手了。

另外一個是我在長江商學院招進來的第一位坐輪椅的學生。她叫唐占鑫，是北京新起點公益基金會的創始人，也在中國大陸成立了第一個脊髓損傷者希望之家。這位從小品學兼

優、在德國拿到碩士學位的好學生，在碩士畢業旅行途中因車禍導致脊髓損傷，下半身癱瘓。

試想一下，如果是你，你當時會有怎樣的感受？占鑫被這一致命打擊擊垮，極度消沉，自我封閉，覺得自己這輩子完了。但沒有想到的是這段低谷並沒有持續太久，家人的關愛和鼓勵給她帶來了改變的勇氣和決心，讓她不僅再次露出笑容，而且還幫助像她一樣不幸的小夥伴走出陰影。如果你見過占鑫，就會發現她是一道光，能感染周圍所有的人！

▶ 結婚之後你會更快樂嗎？

這樣的例子還有很多，他們都說明一個現象，就是**人們往往不能準確地預測未來的事情對自己情緒的影響。無論是對於未來好的事情還是壞的事情，我們通常會誇大這些事情對我們情緒的影響。**

這種誇大體現在兩個方面，一個是強度，另一個是時長。對於好事，比如結婚生子、晉升、漲薪水、中彩票、買新房，我們往往會高估這些事給我們帶來的快樂，而且誇大這種快樂能延續的時間。同樣，對於糟糕的事情，比如意外車禍、親人去世、離婚、破產等，我們也會高估這些負面事件對我們情緒的打擊，並且誇大這種痛苦情緒持續的時間。

為什麼會出現這樣的情緒預測錯誤呢？

心理學家們給出了各式各樣的解釋，我來分享兩個比較權威的解釋。

一種解釋是，在預測未來情緒時，尤其是未來好的事情對情緒的影響時，我們只會專注於事件本身對情緒的影響，而忽略了在未來的那個時間點還會有其他事情發生，它們同樣也會影響我們的情緒。因此我們會高估單獨一個事件對情緒的影響。

舉個例子，想到結婚生子，你會聚焦在那些美好的時刻，婚紗照、教堂婚禮、寶寶誕生等，但你忽略了在這些高光時刻的同時也有很多其他的事情在同步發生。比如兩個生活習慣不同的人要居住在一個屋簷下，共用一個洗手間，協調兩邊的老人；寶寶出生後，你會在很長時間裡睡不了整覺，疲憊不堪。與此同時，雖然你的家庭生活美滿，但工作上可能遇到不順等等。這些沒有被考慮到的事情會讓你的真實感受遜色於你之前的預期。

另一種解釋是，導致情緒預測錯誤的原因在於我們會忽略自己的心理免疫能力，這個主要體現在預測未來糟糕的事情對於情緒的影響。想到因車禍而截肢，因感情不和而離婚，心愛的家人離開人世，我們往往會覺得這些事會極大地打擊我們的情緒，徹底改變我們的人生軌跡。但其實人類發展到今天，我們有強大的心理免疫系統，對於痛苦的事情、不幸的遭遇，我

們會通過各式各樣的方式去化解它、淡化它，從而讓我們總體上感覺還不錯。離婚雖然不幸，但我們會自我安慰：當時看走了眼，還好我及時脫身，長痛不如短痛；工作應聘被拒絕，我們會說被錄用的人有關係，這本來也不公平。對於不好的事情，我們也會有動力忘掉它。忽略自身的心理免疫能力會讓我們高估負面事件帶來的痛苦感受。

▶ ENDING・結語

不知道你有沒有發現，不管是對未來的規劃謬誤，對自己的過度自信，還是對未來的情緒預測，我們都很難對自己的未來做出客觀的預測。如何規避這些謬誤？我們可以參考外部意見，看類似項目的完成時間，以別人的眼光來評價自己的能力，聽取他人之前的真實感受。而這樣的行為並不會自然而然發生，因為我們很多時候的直覺反應是只聽從自己內心的感受，卻忽略外部的聲音。

當你看完這部分內容，你是否對未來的預測開始有了一些新的看法？希望你能有意識地在預測未來的過程中，跳出自己的視野，主動尋找、借鑑外部和他人的意見，從而做出更好的預測。

行為小錦囊

看到這裡，你也就明白了人們為什麼不能準確預測未來事情對自身情緒的影響，而且這類情緒預測的錯誤似乎一直會重複出現。人們很難從過往的經歷中學習，那怎麼辦？**我們能做些什麼，可以使得我們對未來情緒的預測更準確？**

在這裡，我想給你分享心理學的一個結論，那就是：**準確預測未來情緒最好的方法，不是閉上眼睛，使勁想像你的未來，而是用一個截然不同的方法：問那些已經經歷過類似情景的人的感受。**雖然我們都覺得自己最了解自己，別人的感受不可能和我一樣，但大量資料證明，你和大部分人沒有太大差異。

這裡我用一個有趣的實驗來證明上述結論。哈佛大學的心理學家做了一個關於快速約會的實驗：用5分鐘時間和一個異性約會並做出判斷。研究人員在大學校園裡招募了一些大學生，並在實驗前把他們隨機分為每3人一個小組，每個小組裡有1位男生、2位女生。這些學生之間並不一定認識，只是同在一所大學。每個小組中的一位女生首先和那位男生進行5分

鐘的快速約會，然後女生對這個約會做出評價，評價她有多麼享受這個約會。從 0 分到 100 分，分數越高，代表她越享受。這個評價也會成為第二位女生可以用來參考的他人意見。

實驗的關鍵是每組中的第二位女生。首先，研究人員會提供一些關於那位約會男生的資訊：一半女生看到的資訊是這位男生提供的自我介紹以及一張照片，另一半女生看到的資訊是組中第一位女生與這位男生約會後給出的評分。在了解完這些已提供的資訊後，第二位女生需要預測一下，她如果和這位男生約會將會有多享受、多開心。

換句話說，第二位女生對於未來約會體驗的預測，一種情況是基於這位男生的照片以及他的自我介紹，另一種情況是基於另外一位女生和這位男生約會的感受。在做完這個預測之後，第二位女生也同樣會和這位男生進行 5 分鐘的快速約會，並在結束後做出感受評估，從 0 分到 100 分，評價她有多享受這個約會。

通過上面這個巧妙的實驗設計，研究人員可以計算出情感預測的差距，也就是第二位女生在約會後做出的真實感受判斷，和她之前基於自我介紹和照片或者

他人體驗做出的預測之間的差距。這個差距越大，說明預測越不準。

結果如何？當預測的依據是男生的自我介紹和照片時，情感預測差距明顯更大。也就是說，依據另一位女生的真實感受而做出的對自己約會的預測更加準確，即使自己並不認識這位女生。但更有意思的是我們完全意識不到這一點，有75%的女生認為依據自己想像做出的預測要比依據他人的真實體驗做出的預測更加精準！

這個實驗的結論給人很大啟發。之後又有一系列研究印證了相同的結論，那就是對於未來的情感預測，參考他人之前的真實感受，遠比自己根據一些資訊進行想像更精準。畢竟，你能想到的未來會發生的任何事情，估計都已經有很多人真正體驗過。這些人就是未來的你。聽取他們的感受，會幫你做出更精準的預測。但遺憾的是，我們並不了解這一點，於是也就會忽略他人的建議。

明白了這一點，我想給你提一個建議，在對未來事件做出情緒預測的時候，主動尋找並參考已經有過類似體驗的人的評價，並用他人的真實感受引導你自己

的預測。其實在很多領域，你已經在這樣做了。比如決定晚上去哪家餐廳吃飯，我們會先看網路評論，看看其他消費者對不同餐廳的評價。決定週末晚上看哪部電影，與其看那60秒的預告片，不如看其他人的觀後感。決定在喜馬拉雅買哪些課，其他已經購買的聽眾的意見，會成為你決策的主要依據。

這個建議聽上去似乎並不起眼，你也許會說，我已經在做了呀！其實，大多數時候我們很多重要的決策都是自己通過想像做出的預測。比如說尋找合適的伴侶，尋覓自己心儀的工作，我們很多時候都會忽略或者淡化他人有過的真實體驗，因為我們總覺得自己是獨一無二的，別人的感受不可能和我的感受一樣。但大量資料證明，你並不獨特，我們在很多事情上的經歷和感受都很相似！

是不是越有錢越幸福？

　　說到幸福，這是一個自古以來備受關注的話題。你覺得自己幸福嗎？如果是從1到10打分，你會給自己的幸福程度打幾分？你覺得什麼能給你帶來更大的幸福？假設你有魔法，能夠得到三樣任何你想得到的東西，你想要哪三樣以讓自己更幸福？

　　2012 年的時候，中國中央電視臺播出了一個系列節目，叫「你幸福嗎？」。節目組採訪了各行各業的老百姓，他們給出了形形色色的回答，非常有趣。在看這個節目的過程中，我開始認真思考，到底什麼是幸福？幸福是由什麼決定的？中國人到底有多幸福？只可惜那個節目並沒有給出一個結論或者具體的資料。對於一個喜歡做研究的人來說，這顯然很難滿足我的好奇心。於是我自己做了一些文獻挖掘，還真發現了一些很有意思的結論。

　　聯合國從2006年開始，每年都要做一份《世界幸福報

告》，通過在全球153個國家的資料收集和分析，給每個國家的居民做一個名為「幸福指數」的評分，並進行全球排名。在聯合國的這個調研中，最核心的問題是你對自己生活的滿意程度。

問題採用的是從0分到10分的評價：

請想像有一架階梯，每級臺階都標有數字，最低一層是0，最高一層是10。10代表你最美好的生活，0代表你最糟糕的生活。此時此刻，你認為自己站在哪一級臺階上？

根據聯合國大資料的統計結果，2006年中國人的平均幸福指數是4.56，之後的幾年略有起伏，但基本保持差不多的水準，最高點是在2017年時達到的5.27，而在最近的2019年是5.12。如果我把歷年的數字連起來畫一張圖，你會發現這條線基本是平的，沒有太大變化。至於在全球範圍內的排名，總共有153個國家參與排名，中國的位置從最低時112名到2017年最高時排在79名，在2019年是第94名。

大家也許會發現一個很有趣的問題：為什麼過去的15年中國經濟發展了這麼多，大家的收入也有明顯的提高，但幸福感的提升似乎沒有那麼大？當然，這樣的現象並不僅僅限於我們一個國家。美國同樣如此，收入增加很多，但幸福指數並沒有相應的提升。難道俗話說的「金錢難買幸福」是真的嗎？

▶ 金錢是否能買到幸福？

關於金錢和幸福的關係，心理學家曾經問一些年薪20萬元的人：你們覺得一年掙多少錢才能讓你真正快樂？這些人給出的答案平均值是40萬元。

然後研究者又問了一些年薪80萬元的人：你們有多快樂？按年薪 20萬元那組人的邏輯，這些人應該認為自己已經非常快樂。

但你猜他們怎麼說？這些年薪 80 萬元的人說，一年能掙到200萬元，他們才會真正快樂！由此可見，人對金錢的慾望是沒有止境的。這裡的一個重要的原因是，在大部分人的觀念裡，更多的收入能帶來更多的幸福。而我們的大腦，尤其是系統1，會隨時讓我們去做那些使我們快樂的事情，因此很多人都在不停追求更多的金錢或者財富。

但如果大腦不清楚到底什麼能給我們真正帶來幸福，甚至掌握的是錯誤的資訊，那豈不是很糟糕的事情？

心理學家通過一系列的研究發現，和很多人的觀點一樣，金錢的確可以提高幸福感，但這個作用是在一定範圍之內。當你還沒有解決基本的溫飽，衣食住行還沒有基本保障的時候，缺錢的確會讓你經歷痛苦和煎熬。此時，增加收入會顯著改善你的生活狀態，並提升你的幸福感。

但收入對於幸福感的積極作用並非簡單的直線上升的關係，而是到了某個點之後，收入對幸福感的積極作用就不再明顯了。也就是說，當收入到了一定程度，它就不會再提升你的幸福感。這個點就是所謂的「收入飽和點」。

　　你也許會問，這個飽和點是多少？為什麼過了這個飽和點，掙再多的錢也不會給我帶來更多的幸福？這是兩個非常好的問題，我逐一給你解釋。

　　關於第一個問題，收入飽和點是多少？我想引用2018年發表在《自然》雜誌上的一篇文章來回答這個問題。這篇文章的作者通過在全球164個國家收集的 2005—2016 年的大樣本資料，來計算全球範圍內這個收入飽和點在哪裡。

　　結果顯示全球平均的收入飽和點是：家庭年收入 6 萬美元，約合人民幣40 萬元。當然這篇文章也針對不同地區進行了更為細緻的分析，結論也比較直觀：越是發達富有的地區，收入飽和點越高。同樣，相對比較落後的地區，收入飽和點也會越低。比如在最富有的中東地區，飽和點是家庭年收入77萬元人民幣；在北美，收入飽和點是46 萬元人民幣；但在非洲，收入飽和點是24 萬元人民幣。中國所處的東亞地區，算出來的收入飽和點和世界範圍內的平均值持平，是40 萬元人民幣。當然，在中國境內，伴隨著經濟發展水準的差別，不同地區的飽和點也有一些區別，但是這些飽和點都沒有我們想像的那麼高。

為什麼會存在收入飽和點？為什麼超過了收入飽和點，掙更多的錢並不能給人帶來更多的快樂？其實，這個問題並不是錢多少的問題，而是金錢和時間的權衡的問題。

有句話叫「時間就是金錢」，說的是在當下大部分人都覺得時間不夠的情況下，能節約出更多的時間。更多給自己的自由的時間，實際上就是獲得了更大的金錢價值。仔細想一下，金錢的彈性其實很大，隨著付出的增加，資歷的增長，你能儲蓄越來越多的錢。但時間沒有彈性，而且對每個人都一樣，一天就是 24 個小時，你再富有，也不可能比別人多出一分鐘。所以，一個小時原本應該比一元錢更有價值。

但如果你觀察自己以及周圍人的行為，我們似乎經常在做相反的事情，把錢看得遠比時間更重要。舉個例子，如果你現在面臨一個新的工作機會，收入比你目前的工作增加了20%，但需要付出比目前工作多出 40% 的工作時間以及更長的通勤時間，你會接受這個新的工作嗎？你是不是會更專注那20%收入的提升，而不是自己的自由時間的縮減？

如果是，你並不是少數。掙更多的錢往往會被認為是地位的象徵，成功的標誌；而擁有更多的閒暇時間似乎並不是那麼重要的事情。但人們根本沒有意識到，超過一定的收入之後，往往是時間富裕的人更幸福，因為他們有時間去做那些可以帶來快樂的事情。因此，下次當你面臨時間和金錢的權衡時，請三思。

除了上面提到的金錢和時間的權衡，還有另外一個原因可以解釋為什麼收入一旦超過飽和點就不能再顯著提升幸福感。人的慾望是沒有止境的，而且人類非常喜歡攀比。行為心理學裡一個重要的發現就是：我們關注的往往不僅僅是財富的絕對值，更重要的是相對他人的相對值。也就是說，你在乎的並不僅僅是你能掙多少錢，而是你比別人，尤其是你在乎的他人，掙得更多還是更少！

　　年初你想的是，如果今年我能多掙 20%，或者超過鄰居老王，那我一定會很開心。事實是到了年底，目標實現了，你的確會開心，但開心的時間不會太久，很快你就會不再滿足，幸福感又回到了原點，於是又有了新的對比目標。周而復始，你會發現更多的錢給你帶來的快樂只能維持短暫的時間。因為你會很快習慣，所以感覺總是回到原點。在心理學裡專門有一個詞用來形容這種現象，叫「享樂跑步機」。這個比喻很生動，你跑了很久，但其實是原地沒動，用來形容收入在超過飽和點之後能給你帶來的快樂感受，是再恰當不過了。

　　其實不僅金錢對提升幸福感的作用是有限的，其他很多我們追求的東西同樣如此。我們覺得一旦擁有就會讓我們更快樂的事情，比如更完美的外表、更大的房子、更好的工作，得到這些的確能讓你高興一時，但就像之前你已經了解到的，對於未來，我們往往會高估一件事情能帶來的快樂或者痛苦程度，也會高估這些情緒的時長。這些物質上的滿足不會給你帶來持久的快樂。

▶ 如何花錢更快樂？

當然，除了物質上的滿足，金錢的用途還可以體現在其他方面。如果錢花得科學，可以有效提升幸福感，給你帶來快樂。

那應該怎麼花錢呢？我根據心理學的研究成果給你分享幾點建議：

1.花錢買時間，把一些家務、瑣碎的事情分包出去，這樣讓你能有時間和喜歡的人做喜歡的事情。就像我之前提到的，時間富裕的人往往更幸福。

2.花錢買體驗，而不是買單純的物質產品。不同的體驗，比如去旅行，看展覽，體驗不同的經歷，可以增長你的見識和閱歷，也會給你帶來更持久的快樂。

3.還有一個有趣的發現，就是**把錢花在別人身上可以給你帶來更多的快樂！**這裡指的是幫助他人，做公益，這些利他的花費和行為，可以給你帶來很大的滿足感和快樂。如果你有過類似的經歷，相信你一定明白我說的感受。

▶ ENDING・結語

有錢難買幸福，對於這句老話，心理學的研究成果給出了

比較全面的解釋。在沒有基本生活保障之前，金錢對幸福的作用是顯著正向的。但到了收入飽和點後，錢的作用不再顯著，因為它開始搶占你寶貴的時間，再加上人對物質滿足的快速適應，使得錢能帶來的快樂就像是跑步機，始終難以離開原點。但如果我們把錢花在換時間、購買體驗以及幫助他人方面，這時錢的積極作用會更加持久

當然，除了金錢，還有其他的行為可以有效、持續地提升你的幸福感。這些其他的行為，我會在後面的內容中和你分享，你會發現他們不僅成本低，而且效果好。更重要的是，在那些幸福感排名一向很高的國家，人們都在踐行這些內容。

在進一步分享之前，我想請你先想想，根據你的觀察，幸福感高的人通常會做哪些事情。隨後你會找到答案。

什麼讓我們幸福？

在之前的內容裡，我介紹了聯合國每年做的《世界幸福報告》，以及中國歷年的得分和排名情況。2019年的排名，中國排在第94名。你一定很好奇，排名靠前的是哪些國家呢？為什麼這些國家的老百姓幸福指數那麼高？他們有什麼樣的共同點呢？接下來，我將嘗試回答這些問題。

▶ 幸福的祕訣

哪個國家的幸福指數排在最前面？根據2017—2019年三年的數據，世界上人民幸福指數最高的國家是芬蘭，得分7.81分（這個衡量標準是0—10分，10分代表最幸福的生活）。繼芬蘭之後排在二全十名的國家分別是丹麥、瑞士、冰島、挪威、荷蘭、瑞典、紐西蘭、奧地利和盧森堡。排名靠前的國家都在歐洲，而且以北歐國家為主。

更重要的是，聯合國的這項研究找到了六個重要的因素，這六個因素加起來可以解釋 75% 的國別之間的幸福感差異。

這六個因素分別是：

人均 GDP：金錢的作用。

健康預期壽命：你是否健康、長壽。

社會支持：如果遇到困難，你是否有親戚或者朋友可以依靠；無論何時需要，你都可以得到幫助。

做決策的自由：你是否可以自由地做出生活中的決策。

慷慨大方的程度：比如人們的公益行為。

腐敗以及社會整體的信任度：比如人們覺得在政府以及商業領域是否廣泛存在腐敗現象。

值得一提的是，這六個因素中的後四個，都和社會環境相關，他們合起來的影響力和前兩個因素的影響力——也就是錢和健康壽命的影響力總和——一樣大。換句話說，除了金錢，你是否幸福很大程度上取決於你是否生活在一個良好的社會環境中，尤其是你有沒有比較好的親密關係，以及是否擁有愛。

如果你了解北歐的這些國家，你會發現，他們的人均 GDP 在全球範圍內並非最高的，都排在美國之後。但他們國民的幸福感最高，主要原因就是在這些國家，人們擁有更好的社會環境。人們會花很多時間和家人、朋友在一起，社區在日常生活中非常重要，**親密關係是讓北歐人幸福的一個很重要的**

原因。

其實親密關係不僅可以解釋北歐人的幸福感，在世界上其他地方也同樣適用。哈佛大學有一個著名的長期實驗，從1938年開始跟蹤724名男性，對這些人一直跟進了75年，然後通過大量資料研究到底是什麼讓人感到幸福。

有意思的是，最初的這724人是從兩個截然不同的人群中招募的。有268人是當年在哈佛讀大二的男生，這組人可謂是精英的一代。而另外的456人，來自波士頓最貧窮的區域，很多人家裡連熱水都沒有。如果讓你預測，這兩組人幾十年之後誰更幸福，想必你大概會押注在哈佛本科生那一組。在之後的75年裡，每兩年研究者會跟進一次，給這些人寄問卷，進行家訪，做身體檢查，腦部掃描，還對他們的家人、朋友進行訪問。

75年是一個漫長的過程，這些人大學畢業後，經歷了二戰、工作、成家、生孩子、離婚、再婚、生病、死亡。從這些豐富、寶貴的資料中，研究人員發現那些真正影響幸福的因素與財富、地位、聲譽幾乎沒有任何關係，和你75年前是讀哈佛還是在貧民窟也沒有關係。但良好的社會關係不僅能讓你更快樂，而且能讓你更健康。

換句話說，親密關係，或者簡單而言就是愛，是預測你幸福感的最好的指標！這個發現和聯合國的那個報告不謀而合。

關於親密關係，現有的心理學研究帶給我三點啟示，我在這裡也分享給大家：

第一，親密關係不僅有助於提升幸福感，還對你的健康有幫助。與之相反，孤獨對你有害。那些和家人、同事、朋友有親密關係的人，相對於孤獨的人要更幸福，也更健康。孤獨的人不僅幸福感低，大腦功能也更早衰退，也更容易衰老。

第二，親密關係指的不是朋友的數量，而是朋友的品質。你的朋友圈裡可能有上千人，每個週末都要參加聚會，但你心情低落，遇到困境的時候，卻找不到一個可以放心交流的人。這說明你並沒有社會支持，沒有高品質的親密關係。有些人或許看上去並不受歡迎，也比較內向，但只要他有一個能真正信任、依靠的朋友，在任何時候，只要他需要，朋友都會挺身而出，我們就認為他擁有高品質的親密關係，也很有可能更加幸福。

第三，也是我覺得非常重要的，就是親密關係包含兩個基本要素：一個是培養愛；另一個是找到一種生活方式，即便在逆境中，也不會破壞愛、傷害親密關係。人們往往會忽略第二個要素。辛辛苦苦培養起來的那份愛有時會很脆弱，遇到不順，走入低谷，我們也往往會對最在乎我們、最愛我們的人，表現出最糟糕的一面。好的關係不能保證你的生活一帆風順，但如果你在低谷中保持積極的心態，和你愛的人站在一起克服困難，而不是相互指責、傷害彼此，那麼等到柳暗花明的時候，你會發現那份親密關係、那份愛又加深了一層，它們也會成為你幸福的根基。

在之前的章節裡我講過唐占鑫的故事，她是我在長江商學院錄取的第一位坐輪椅的公益生。如果說在其他相同處境的人身上我看到的是堅強，那麼在占鑫身上我看到更多的是快樂。我經常在想她的快樂到底來自哪裡？後來我發現她微信的個性簽名是：我知道你一直都在我的身邊。想必因為她有深愛她的家人和朋友，所以她感覺很幸福。

▶ 創造意義

我花了很大篇幅讓你了解了親密關係是讓人幸福的一個重要因素。當然，除此之外，還有一系列其他的可以控制的因素，能讓你更快樂。下面我想給你分享另外兩個讓我深有體會的因素：**一個是創造意義，另一個是學會感恩。**

說到意義，你會發現那些覺得自己做的事情有意義、生活有理想的人，往往也是內心充盈、幸福感比較高的人——雖然他們並不一定是物質上很富有的人。比如說我的父母那一代，經歷過「文革」、三年自然災害、物質匱乏等逆境，但他們一輩子的幸福感似乎並不比我們低。這是因為他們在精神上有追求、有理想，可以超越生活上的苦難。有偉大的理想無疑是創造生命意義的一種方式，但其實還有很多種方式可以讓我們在日常生活中創造、追求有意義的人生。比如我做研究，其中最大的樂趣在於不斷打破現有的認知，發現世界的真相——人到底是如何思考和決策的。探索未知本身就是一件很有意義的事情，這個過程中最大的快樂在於通過學習、研究，獲得新知識

的滿足感和成就感。

與此同時，有很多研究表明，能給你帶來更大意義以及更大成就感的事情往往是超越自我的，是利他的。在喜馬拉雅講行為心理學課程，讓我最興奮也給我帶來最大快樂的是，有聽眾告訴我因為聽了這個課程，感覺像是打開了一扇門，讓他們對自己有了更多的了解，提高了自身的認知。這種幸福感是難以用金錢來衡量的。

之前我曾經看過一個人物專訪，講的是一位眼科醫生，每年要花半年的時間和一個公益組織到非洲義務說明那裡的老百姓治療眼部疾病。當被問及為什麼每年都要花6個月做義工時，這位醫生的回答讓我至今記憶猶新。他停頓了片刻，很坦率地說：「其實是出於一個很自私的原因，因為這是讓我最快樂的事情。」幫助別人能給自己帶來快樂，這已經是一個在心理學裡被多次重複印證的現象。無論是個人，還是企業，利他或許是創造意義的最終源泉。

▶ 學會感恩

最後，我還想和你分享感恩對於幸福感的重要性。

說到這個話題，我要介紹一位我讀博士時的同學。她叫蘭（Lan），是一位越南裔美國女孩，非常喜歡小孩子，後來的研

究也和青少年心理學有關。她在研究中發現，現在的孩子比較物質，比如喜歡攀比誰家更有錢，誰有最新一代的手機。但大量的研究表明，過度的物質追求會帶來一系列的問題，比如抑鬱、吸毒，以及其他行為問題。那如何能讓孩子們不那麼物質呢？

蘭的研究發現，讓孩子懂得感恩，養成感恩的習慣可以減少他們對物質的追求，也會讓他們更願意幫助他人。她招募了一些 11—17 歲的青少年做了一個實驗：要求其中一部分人連續兩周，每天寫感恩日記，記錄每一天值得感恩的人和事；另外一部分人同樣要寫日記，但不限內容。在兩周結束之後，孩子們都有機會把自己參加這個實驗而得到的報酬拿出一些捐給慈善組織。結果顯示，那些寫了兩周感恩日記的孩子捐出了更多的錢。我的這位朋友解釋說，當你每天練習感恩，其實是在認可你的家人、朋友，也是在強化你的社交網路，這樣做會讓你更容易擁有親密關係，而親密關係又是增加幸福感的一個重要因素。

▶ ENDING · 結語

在這兩節裡，我和大家一起聊了聊到底什麼會讓我們幸福。你看完之後是否對幸福、快樂有了新的認識？希望這些內容不僅讓你有了認知的提升，更讓你掌握了一些可以創造幸福的方法。

行為小錦囊

曾經有一位心理學家繪製了一張科學幸福地圖，用來解釋到底是什麼決定一個人是否快樂、幸福。根據這張幸福地圖，你會發現什麼呢？

首先，基因很重要，它占了 50% 的解釋比例。這也是有些人天生就是樂天派，而有些人天生就容易鬱鬱寡歡的原因。這部分我們無法控制。

其次，通常你覺得會對幸福產生很大影響的生活環境因素，比如財富、工作、結婚、生孩子等，其實在影響幸福感的因素中只占10%，另外還有 40% 的決定因素是我們的思維、態度以及行為。40% 是一個很大的比例，它說明我們在很大程度上可以掌控自己的幸福感，可以為自己創造幸福。幸福，就像健康的身體，其實沒有什麼祕訣偏方，更沒有捷徑。你需要做的就是每天做那些正確的事情，真正花時間和精力在你愛的和愛你的人身上，在不斷學習、幫助他人的過程中打造生活的意義，每天踐行感恩之心。這些聽起來似乎很簡單，但能堅持做又談何容易！

DECISION LOGIC

——06 生活中的行為心理學

不管是在學術界還是在平時生活中，直覺和偏見都是備受關注的話題。直覺到底有沒有用呢？如何才能消除偏見呢？學習了這些行為心理學的知識，它們能在生活中有所應用嗎？怎樣才能幫助他人或是自己做出更好的決策呢？

專家的直覺是否值得信賴？

在之前的內容裡，我詳細介紹了我們的大腦如何做決策，如何記憶過去，如何預測未來。而接下來，我會和你分享行為心理學在現實生活中的一些應用，希望能給你帶來一些新的啟發。

我在研究心理學的這些年裡，經常聽到有人說，他的直覺非常準，勝過嚴謹的思考。與此同時，也有不少暢銷書強調直覺的作用。最著名的是2005年的一本知名暢銷書《Blink》，中文版書名譯作「決斷2秒間」。它介紹了人如何在兩秒鐘的時間內進行快速的判斷。書裡講了很多直覺的成功案例，但其中大部分以講故事的形式展示給讀者，所以我認為這些案例缺乏科學研究的嚴謹性。

在學術界，直覺也是一個備受關注的話題。直覺到底有沒有用呢？今天我來介紹兩位學者以及他們代表的兩種觀點。

▶ 直覺的力量

我首先介紹的是心理學家加里‧克萊因（Gary Klein）。他早期拿到了匹茲堡大學實驗心理學博士學位，之後有過很豐富的工作經驗，其間他一直關注直覺的影響力，還出過一本暢銷書，叫《直覺的力量》(The Power of Intuition)。他提出了一個理論，叫作「自然決策理論」（Natural Decision-making, NDM），用來研究人們如何在複雜的現實環境中做出判斷。

什麼是複雜的現實環境呢？就是那些時間緊迫、環境變化無常，但是需要做的決策又事關緊要的環境。面對這樣的情況，人們要如何做決策呢？他的核心觀點是：**在這樣的環境下，專家往往可以通過直覺、憑藉經驗，做出更好的判斷。**

在這裡，我用兩個例子來說明專家是如何運用直覺做出判斷的。第一個例子是在象棋領域。象棋大師往往可以在6秒鐘之內做出最好的決策。而6秒鐘，一個中等水準的選手甚至還沒有想好要走哪一步。但要達到這個層次，象棋大師需要記住5萬到10萬個棋局。換句話說，你要有足夠的經驗積累，才能做到在6秒鐘內做出最好的決策。第二個例子是消防隊隊長。面對險情，他們通常是根據經驗迅速做出方案，然後在頭腦中進行模擬，如果預期效果好，那就執行；否則，就修改或更換另外一個方案，依次迴圈，直到找到滿意方案。這兩個例子都說明，面對複雜的情況，直覺，尤其是專家的直覺是值得信任的。

▶ 保釋率與時間

但是專家的直覺一定是值得信任的嗎？接下來，我想給大家介紹另外一位我非常尊敬的學者，他對直覺的可信度提出了很大的質疑。這位學者就是行為經濟學的奠基人，心理學家丹尼爾·康納曼。他對專家的直覺非常懷疑，或者說他不相信專家的直覺。為什麼？

大多數人做決策時，包括專家，都喜歡用簡單的決策方式，也就是系統 1。我們很容易受到這種便捷認知的影響，導致判斷出現失誤，而且最重要的是我們並不知道自己在判斷中的局限性。專家更是如此，很多專家並不知道他的專業邊界在哪裡。這是非常可怕的情況，專家更容易自信，但其實他們和普通人一樣，容易受到情緒和外界因素的影響。

康納曼曾經舉過一個例子，發表在著名的《美國科學院院報》上。這個例子裡的資料來自以色列的一個法庭。這裡的法官每天要處理很多申請保釋的案子，他們要在8—10分鐘之內對一個申請做出決定，是否批准保釋。

研究者對這些保釋的資料進行了非常有意思的統計，他們把一天中的具體時間點畫成橫坐標，然後統計出在每個時間點有多大比例的案件獲得保釋的批准。結果很有意思：早上剛剛開始上班的時候，法官情緒非常好，因此有 60% 的案子被批准保釋。但過了兩個小時左右，臨近上午休息時間時，保釋

批准的比例就降到了零。休息之後，法官們再度開始審理案件，這時保釋獲得批准的比例又提高到 60% 左右，然後開始下降，到午餐時間之前降到10% 左右。吃過午餐，保釋批准比例又上去了，然後隨著時間的推進，又開始往下滑，直到下班時間降到最低點。

這個結果確實令人震驚！對於如此重要的決定，法官的判斷仍然會受到情緒、心情如此大的影響。而這個實驗的資料，再加上康納曼其他的一些研究結果，都指向另一派觀點，那就是：直覺的力量不可信任，即便是專家的直覺也不可信任。

▶ 什麼是直覺？

故事本來到此就可以結束了。兩位學者，截然不同的觀點，相互不認同，然後等著後人去做更多的研究。但這兩位都是非常值得尊敬的學者，他們並沒有停留在彼此的分歧上，而是兩人聚到了一起。他們想：我們能不能一起研究一下直覺到底什麼時候有用，什麼時候是不好的？這個合作始於簡短的電話交流，後來歷經五六年時間，最終在 2009 年的時候，他們在美國《心理學家》雜誌上發表了一篇共同署名的文章，題目就是《專家直覺的條件》──《Conditions for Intuitive Expertise：A Failure to Disagree》（American Psychologist, 2009）。裡面的內容非常豐富，對我啟發很大，所以我也在這裡分享給你。

這篇文章的核心是這兩派學者對直覺有不同的定義。

自然決策理論裡面提到的「直覺」是**基於經驗和技能的直覺**（像象棋大師、救火隊長等）；而行為經濟學上的「直覺」指的是**基於簡化決策、偏見誘導出的直覺**，就像我們之前提到的那些啟發式。由此可見，基於經驗的直覺是值得信任的，而行為經濟學定義的直覺會誤導我們。

那如何區分呢？兩位作者指出，基於經驗和高技能的直覺本質上是一種識別的行為。識別指的是當前的問題為專業人士提供了某種線索，基於此，他們可以搜索記憶中的資訊，那些資訊提供了問題的答案。所以高技能的直覺，本質上就是一種記憶中的識別。換句話說，這種基於高技能的直覺就是當面臨問題時，專家們會打開記憶的閘門，搜索記憶當中的答案。它本質上就是回憶識別的過程，並不是神祕的力量。

但如何培養這種高技能的直覺呢？這兩位心理學家提出兩個必要的條件：

1.環境必須足夠規律，如棋局的基本規則就不會有大的變化。

2.作為個體，你要有充足的機會識別這樣的線索，並有充足的機會去學習，及時得到回饋，從而掌握內在的規律。例如，圍棋大師會記憶數量龐大的棋譜，反覆對弈，反覆學習。

如果這兩個條件不具備的話，直覺往往淪為行為經濟學上的直覺，也就是不可信的。

1992 年的時候，曾經有一位叫香蒂（Shanteae）的學者列舉了一些直覺相對比較準的職業，比如天文學家、國際象棋選手、物理學家、數學家以及會計。這些職業可以通過練習掌握規律，所以這些領域的專家也可以憑藉其高超的技能在短時間內做出較為準確的判斷。

與此同時，我們可以看到，對於很多的行業和職業，這樣有規律的環境和充分學習的機會實際上是很難滿足的。比如說股票交易、精神病分析師、法官、人才選拔、情報分析等。在這些領域，即便是專家的直覺都要打個很大的問號。例如人才選拔，現在越來越多的企業發現面試存在局限性，我們在短時間內通過面試做出雇用決定，事後往往會後悔，因為預測人的未來太難了，也沒有普遍的規律。

▶ ENDING・結語

那麼我們要如何看待專家的直覺判斷呢？

1.判斷專家的直覺是否值得信賴，首先要考慮決策的環境是否足夠規律，專家是否有足夠的學習機會。

2.對於兩者都滿足的行業，直覺並沒有人們想像的那麼神

奇。這種基於高技能而形成的直覺，其實是一種記憶的識別。

3.很多領域並不具備上面這兩個條件，所以這些領域的專家直覺並不完全可靠。我們要學會在面臨重大問題時，調動我們的系統2規範直覺。

4.總的來說，我們需要小心謹慎地對待專家的直覺，因為專家更容易過度自信。

下次當你聽到某某專家語氣堅定地對未來做出預測的時候，你應該提醒自己，不要輕信。未來很難預測，所謂專家的預判未必高過隨機的判斷。

如何消除偏見？

在這部分內容裡，我想和你分享行為心理學的另一個現實應用，即如何才能減少和消除偏見。所謂偏見，指的是對某一群體的負面態度。關於這個話題，無論學術界還是媒體都有非常多的討論。聯合國在 2015 年制定未來全球發展目標的時候，還專門把消除偏見和不平等作為一個重要的目標。但大量心理學的研究告訴我們：偏見普遍存在，更為嚴重的是，想要改變偏見並不容易。

偏見會讓我們做出錯誤的判斷，加劇人與人之間的隔閡，給別人以及自己帶來心理和身體上的傷害。所以，我深信探討這個話題非常有價值，我也希望能盡我所能給大家提一些建議，盡量減少偏見的影響。

而且，我想用一個和以往不同的方式來分享這個話題。我邀請了一位嘉賓，和我一起共創這節內容。我們先看一下他的自我介紹：

「大家好，我叫劉天華。我在 3 歲多的時候，因為發高燒引起了青光眼，視力受到影響，23 歲大學畢業時就完全失明了。我在1997年大學畢業後來到深圳，最開始做的職業跟99% 的盲人朋友一樣，都是做盲人按摩。2009 年，我有機會改行並加入了一個叫黑暗中對話的社會企業。這是一個德國企業。從此，我開始在這個企業做培訓教練，一直到現在。我現在常住在深圳。」

▶ 偏見如何產生？

我之前曾經邀請天華到我在長江商學院開設的線下課程做分享。當你想到盲人，你的腦子裡會有什麼樣的聯想？估計大多數人對盲人多少都會存在一些偏見。那麼，天華體驗到的人們對他以及其他視力障礙小夥伴的態度是否存在偏見呢？為此，我專門問了他。

「從我們的角度來講，因為是盲人，大家都會給我們一個標籤，比如說你可以從古今中外的小說裡面看到，其實盲人的形象都是一樣的，一般比較古怪，通常戴著墨鏡，給別人的感覺就是挺可怕的，做事情跟常人不一樣。在中國我們有一些特別有意思的標誌，比如二胡、墨鏡，這些都是盲人形象的一部分。」

不知道你聽完是否會有同感。但為什麼說這是偏見呢？因

為它並不準確，也不全面。就好比天華，他不但不可怕，而且為人友善，也很幽默。不僅如此，天華興趣廣泛，知識豐富，英語也很好！你可能會覺得盲人的學習能力不如你我這樣有正常視力的人。但你沒有意識到的是，盲人的聽力要遠遠好於普通人，他們可以用很快的速度聽音訊節目。所以從獲取知識的速度上來看，他們甚至更有優勢。我特地請天華給我演示了一下他通常聽音訊內容的速度。很多聽過的人，包括我，都非常吃驚，驚歎其速度之快。可見我們通常對於一些人群，尤其是被邊緣化的人群的印象往往有失偏頗，甚至是錯誤的。

當然，這樣的偏見不僅僅局限於盲人，也包括其他人群，比如人們通常會對黑人、同性戀者、變性人等持有偏見和歧視。

但為什麼會有這樣的偏見，為什麼我們會習慣通過偏見來做判斷？天華自己的答覆和我們心理學裡的解釋是非常接近的：「最主要是因為多數盲人真的就是這樣，性格可能比較怪。『怪』的意思，不是說他是另類的生物，只是說他因為看不見，所以要用另外的方法來生活。由於大家和我們很少接觸，只能從表面看，所以會看到盲人跟大家不一樣的地方，慢慢就形成了一個特別的印象。可以說對我們有偏見，但是大家又不願意花時間去了解真正的盲人是什麼樣，所以這樣的印象就會跟實際差得越來越遠。」

天華很客觀，他指出人們對盲人的偏見並非無中生有，的確有不少盲人就是你想像的樣子，所以這種印象會成為我們大

腦裡系統 1 做快速決策的依據，讓我們一看到盲人，就會聯想到這些屬性。但這些偏見也會帶來很多負面的影響。對於被歧視的人群，偏見不僅會給他們帶來心理的陰影，更會影響到他們公平參與學習、就業以及發展的機會，會令他們被社會排擠，導致一系列的社會問題。所以，平等，消除偏見，自古以來就是一個文明社會的追求和夢想。

▶ 如何消除偏見？

這裡的核心問題是，如何才能減少並最終消除偏見呢？這也是我和天華對話的最主要的一個話題。

在行為心理學的研究中，學者們提出的一種消除偏見的做法是去標籤化，也就是把那個可能讓你產生偏見的錨點去掉。比如，現在有些公司以及互聯網招聘平臺，會通過技術手段，把申請者的一些屬性去掉，例如名字、照片、性別等。如果你不知道是男是女，相貌如何，你也就不會因為這些屬性所引發的偏見來影響你的雇用決策。同樣，大家如果看過《中國好聲音》這個選秀節目就會知道，這個節目最大的賣點是那個轉椅子的環節。導師背對選手，只能聽聲音，不能看到人，是否轉椅子就只能依靠對其聲音的判斷，而不會受到選手長相或者知名度等因素的干擾。在我和天華的交流中，他說自己的親身體驗和這個觀點完全相同。在他看來，從國家政策到主流社會，能消除對盲人群體偏見的最有效方法，就是什麼也不要做，將

他們和其他人同等對待。

「其實你說公權力也好，整個主流社會也好，他們做什麼能幫我們？有一個最好的辦法，就是什麼也不要做！想想所有這些事情，如果他們不管我們的話，我們就會有一個更好的結果。比如說我們可以跟別人一樣去考大學。如果不限制我們，比如大家都是考到600分就能上大學，我也不幫你，但是我也沒有規定你不可以考，就已經足夠好了。所以其實現在在政策層面如果不管我們，沒有特殊的對盲人的規定，反而是更有利於我們的。」

在天華的經歷中，恰恰是一些對這個人群的特殊政策阻礙了他們的發展。這不得不讓我們思考，什麼才是幫助別人、減少偏見最好的做法。

除了去標籤化，心理學的研究還證明，當我們主動去接觸、用心去了解那些看似和我們不太一樣的人群，而不是偷懶，總是依靠系統1的偏見做判斷，那麼人和人之間的隔閡就會減少。我也特別問過天華，如果人們通過閱讀、看電影，或者直接交流的方式去更多地了解盲人群體，是否可以減少偏見？他的答案非常肯定，而他現在的工作正是為社會提供這樣的機會。

「一定會。其實隔閡，最主要就是因為我們和社會接觸少，然後這種距離有可能造成誤會甚至敵意。我們做的工作就

是讓大家可以自然地跟主流社會有接觸，反過來說也是讓整個社會自然地跟我們有接觸。我們『黑暗中對話』做了一件特別的事情，平常的時候應該是健全人來說明和服務這些殘疾人，但是由於我們黑暗的環境比較特殊，所以我們是角色互換，我們在那個環境裡面可以反過來幫大家。當大家再回到光明之後一看，幫他們的不是戴夜視鏡的超人，而是一個普通的盲人，他就會覺得其實盲人和普通人之間的距離沒有那麼大。」

「黑暗中對話」是一個從德國引進的社會企業，主要是做企業培訓，還有公眾教育。特點是在一個全黑的空間裡面，讓參與者做一些遊戲和體驗。在這個企業中，有60%的員工是盲人，因為做的工作是在黑暗中做引導，所以這些盲人員工有天然的優勢。這是一個非常有趣的體驗，如果你有興趣，我鼓勵你去親自體驗一下。我帶家人和同事去過多次，每次都有不同的感觸。

天華舉的例子在學術界也得到了印證。2016年曾經有一篇發表在《科學》雜誌上的文章，採用田野實驗的方法證明：短短10分鐘的面對面溝通，可以有效降低人們對變性人的偏見，而且這種效果可以持續長達3個月的時間。我們經常說理解萬歲，但理解的前提是了解。就像天華在採訪中曾經說過的，你要多看一點書，多去一些地方，多接觸一些和你不一樣的人，這樣整個視野會被打開，你也會走出狹小的舒適區，成為一個更加包容、有愛的人。

在最開始準備這部分內容時，我本來計畫到此就結束了——我想到的減少偏見的方法無疑是去掉那個參照點，主動學習，拓寬自己的眼界。但和天華的交流讓我意識到還有另外一點，或許是更重要的一點：

「我覺得自身改變是很重要的。比如說以前大家為什麼會覺得盲人就是乞討的，因為確實在那個時候有很多人是這樣做的。如果你只是想辦法去說服別人，說你別這樣想，盲人不是這樣的，他也能做正當的行業。由於他們看到的多數是乞討的盲人，沒有看到你說的做正當行業的盲人，所以他是改變不了的。

但現在，我們有了更先進的設備，可以用電腦，可以用手機，在職業選擇上就可以更多元。我們可以做按摩之外的其他行業，比如說有（盲人）同事在蘋果零售店工作，有些同事做鋼琴調律等等，而這些直接的印象可以讓大家對盲人形成新的看法。

所以從自身的角度來講，你一定要想辦法去做一點什麼事情，讓別人更新他的這個印象，更新他的理解，這樣的話人們自然就會改。因為所有的偏見都是大家經過長期觀察得出的判斷——並不是說他要看低你、看小你，而是因為他看到的的確是這些典型的特點，所以他認為你是這樣的。

我記得上大學的時候，我就去找了一個西餐廳唱歌，勤工

儉學。其實那個時候，我沒有想到要消除誰的偏見，我要做一個更新，馬上給別人看。我只是覺得自己沒有受到別人對我看法的限制，比如別人看我是什麼人，我並不在乎，因為我知道我能做什麼，所以就去嘗試了一下。勤工儉學很成功，我賺到了錢，又交了很多朋友，所以我就知道這個社會其實很好，只要你願意去展示你能做的事情，別人是願意接受的。」

謝謝天華給我的啟發，讓我看到改變不僅來自外界，更來自內部。被偏見、被歧視的人群，如果我們不只是抱怨，不是更加內化、固化這種偏見，讓自己變得更加縮手縮腳，而是主動積極地做出改變，那麼當社會看到你這樣嶄新的例子的時候，人們也會自然地更新他們的認知。偏見或許不能根除，因為這是我們的大腦做快速決策的一種方式。但看完今天的內容，希望你能對被偏見、被歧視的人群重新思考。或許你可以嘗試對他們多了解一些，也許會發現，世界遠比你想像得更多元化，世界也正是因為它的多樣性而美麗。如果你屬於一個被大眾所有偏見的人群，希望你也能像天華一樣，不安分，願意折騰，用自己的行動打開他人的眼界！

如何判斷公平與否？

2020 年 4 月，隨著疫情逐步得到控制，線下商業開始陸續恢復，餐廳也大多恢復了營業。對很多人來說，終於能出門到餐廳吃飯，是件很開心的事。但沒過多久，就有網友抱怨海底撈、西貝莜麵村、喜茶等一系列品牌餐飲都漲價了。其聲音迅速得到了其他網友的呼應，短時間內就上了熱搜。

不知道你對這件事情還有沒有印象？你有什麼樣的體會呢？而今天，不管你是不是海底撈、西貝莜麵村、喜茶的顧客，你如何看這些餐飲店在此時漲價？你覺得可以接受嗎？如果你是這些品牌的負責人，面對此刻的危機，你會如何處理？

如果遵循傳統經濟學的理論，當需求或者成本上漲，賣家漲價是理所應當的事情，無可厚非。但市場和消費者的反應似乎很不一樣。他們對於商家，尤其是這些頭部商家在此刻漲價表現出強烈的反對和憤怒。

那麼賣家具體做了什麼？那段時間，我密切關注了一下事態的發展，發現商家在事發之後採取了兩種不同的做法：一類以海底撈和西貝莜麵村為代表，紛紛在事件發酵後的四五天裡快速道歉，並決定把菜品價格恢復到1月底停業前的標準；另一類以喜茶為代表，聲稱漲價的產品只有5款，而且都是因為原料成本上漲才漲的，和疫情沒有關係，所以會維持現狀。

　　面對這兩類企業的做法，你會怎麼看？你會原諒海底撈和西貝莜麵村嗎？如果喜茶超過30元，你還會買嗎？當然一兩個人的答覆並不具有代表性，所以我找了一下，看看是否有大規模的調研資料。

　　我還真找到了媒體做的一些大樣本的調研資料。

　　有媒體在4月10日做過一個調研。調研中的問題是，海底撈發文道歉，說「門店此次漲價是公司管理層的錯誤決策，傷害了海底撈顧客的利益，對此我們深感抱歉。公司決定，自即時起，所有門店的菜品價格恢復到2020年1月26日門店停業前的標準」，「你怎麼看海底撈漲價？」問題後是4個選項，分別是「理解」、「不理解，傷害了顧客利益」、「無所謂，反正不去吃」、「其他」。結果，在參與調研的58萬線民中，有40%的人選擇了「理解」，30%的人選擇了「不理解，傷害了顧客利益」。

　　在此前一天，也就是4月9日，新浪新聞做了一個關於喜

茶的調研，介紹說：「復工後，不少網友發現喜茶漲價了，調查發現喜茶多款產品漲價 2 元，喜茶回應說漲價是因為原料成本上升。頭部奶茶品牌全面邁入 30 元時代，那麼奶茶超過30元你還會再喝嗎？」

這個調研也是 4 個選項，分別是「會的，畢竟戒不掉」、「不會，被漲價勸退」、「不一定，但會少喝」、「其他」。這個調研有 189 萬人參與，絕對的大樣本，結果 62% 的人選擇了「不會，被漲價勸退」、31% 的人選擇了「不一定，但會少喝」。

由此可見，對於在疫情後漲價這件事，大部分消費者是持反對意見的，但如果你及時認錯，在很大程度上還是會被消費者原諒的；如果堅持漲價，的確會導致更多的負面聲音。當然，長期的效果如何有待觀察，但這樣的現象揭示了一個有趣的事實，就是**人們對公平的判斷並不像傳統經濟學理論所講的那樣，只依據供求關係來決定。**

▶ 消費者如何評價漲價？

不知道大家還記不記得我之前介紹過的「所有權依戀症？」行為心理學家認為，人們對於公平的感知和判斷和所有權依戀症相關。買賣雙方都認為他們有權利享受自己已經習慣的交易條件。但當交易條件惡化的時候，買方發現價格提高

了、產品品質下降了，就會感受到損失，也會認為交易不公平。

當然，我們都認同商家有權利賺取合理的利潤，所以當價格的上漲是因為成本的增加時，人們通常會接受，也認為這是公平的。但如果價格的上漲是由於需求的臨時性增加，比如天氣炎熱導致更多人想購買冷飲，疫情封控結束後餐飲消費，「報復性」增加，那麼商家在此刻漲價，往往會被認為是投機，是不公平的，也會引起消費者的不滿和厭惡。

一位心理學家在 1986 年用一系列簡單的實驗證明了上述結論。我舉幾個例子，也請你一起思考如何作答。

第一個例子是這樣的：有一家雜貨店出售雪鏟，就是用來鏟雪的那種鏟子，標價一直是 90 元。某一天下了一場暴風雪之後，這家店把雪鏟的價格提高到了 120 元。你如何看待這一漲價行為？是覺得可以接受，還是覺得不公平？

結果顯示，82% 的人覺得不公平，只有 18% 的人覺得可以接受。大部分人在想這個賣家怎麼能趁火打劫，剛下完雪，雪鏟就漲價，這也太貪婪了！但如果你理解經濟學的理論，就會明白這恰恰是應該發生的事情：因為下雪後對於雪鏟的需求增加了，雪鏟的價格就自然應該上漲。

事實上，在商學院的學生中做同樣的實驗，他們給出的答案和普通大眾並不一樣。商學院讀 MBA 的學生中有 76% 的人

覺得漲價是可以接受的，這個比例遠遠大於之前普通大眾的資料。但畢竟商學院的學生在整個人群中只占很小的比例，不能代表普遍性。

這個實驗讓我們意識到大部分的人對於漲價，尤其是因為需求臨時增加而導致的漲價，會感覺到不公平和惱火。

為了測試這個現象是否廣泛存在，心理學家們還做了另外很多實驗，比如下面這個：

有一種孩子們很喜歡的布娃娃已經斷貨很久了。但是在耶誕節前，一家商店的老闆偶然發現他們的庫房裡有一個這樣的布娃娃。他知道很多人都想買這個布娃娃，所以發出聲明，會對這個布娃娃進行拍賣，出價最高者可以得到這個布娃娃。對於此舉，你覺得是可以接受還是不公平？

實驗的結果是只有26%的人覺得可以接受，另外74%的人覺得不公平。和你想的一樣嗎？我當時的第一反應也是覺得這樣做不好，這個老闆也太利慾薰心了，這樣做普通家庭的孩子就沒有機會得到這個禮物了。

但研究者在這個實驗的基礎上做了一個巧妙的改變，他們問另外一組人與上面相同的問題，但最後加了一句，拍賣所得將全部捐給慈善機構。

這時你會怎麼想？結果是，在這種情況下，76% 的人覺得這種做法是可以接受的！**可見讓大家惱火、覺得不公平的是商家的貪婪，尤其是在買家處於劣勢的時候。**

　　這樣的例子在現實生活中屢屢出現，而且越是大品牌、龍頭企業做出類似舉措的時候，人們的反感就會越明顯。

　　2000 年初，可口可樂的 CEO 提出支持可樂販賣機自動定價，也就是根據天氣調整價格，天氣越熱價格越貴。他的理由是，當人們在炎熱的天氣裡觀看體育比賽時，一瓶冰鎮可口可樂能帶來很大的享受，所以在此時漲價很公平。那些販賣機裡會有一個溫度測量儀，根據室外溫度的變化而自動調節價格。

　　公眾對可口可樂公司此舉的反應如何呢？各種嘲諷和憤怒蜂擁而至，導致公司很快撤回了這個做法。全球知名的優步公司開發了一款類似滴滴的打車軟體，也因為在程式設定中允許在惡劣天氣大幅漲價而引起民憤，最終導致政府介入干預。

　　值得注意的是，人們之所以會覺得這些公司漲價的做法不公平，是因為他們提供的產品本身並沒有變化。價格的上漲僅僅是因為臨時性需求的增加。這會讓人們覺得不合理。如果你提供了額外的價值，或者漲價是由於合理的成本提高，那人們大多數情況下會接受。

　　另外，你可能會發現，人們對於大企業、有品牌的企業要

求似乎會更高。這並不奇怪。學術界有一個概念叫「貴族義務（Noblesse Oblige）」。顧名思義，就是對於顯貴者，人們對他的期望會更高，認為他應該有高尚的品德，並承擔更大的責任和義務。所以對於龍頭企業在危難之時唯利是圖的做法，公眾的反應也自然會更加強烈。

▶ 什麼是公平？

什麼是公平？傳統經濟學理論認為只要價格是由市場的需求和供給決定，那就是合理、公平的。但是行為心理學大量的資料告訴我們，這並不完全正確！**如果價格的上漲是由於臨時需求的增加，公眾就會覺得不公平，也會產生反感，會用行動來懲罰這樣的商家。所以如果你想和顧客有持續的關係，切記不要在危難時刻顯示出貪婪，即使有人願意支付更高的價錢。**

同樣是在 2020 年疫情期間，1 月 27 日，河南新鄉的「胖東來」超市的老闆宣布所有蔬菜在疫情期間按進價銷售，而且取消周二閉店的傳統，疫情期間，一周 7 天營業保障民生。有朋友給我發來照片，那家超市里的白菜 1 斤 9 角錢！難怪只要有這家超市在的地方，沃爾瑪、家樂福都不是對手，雷軍也曾稱其為「中國零售業神一般的存在」。這也是我正在研究的一個案例，如果未來有合適的機會，我也很期待和大家來分享這個商業案例。

▶ ENDING・結語

　　作為消費者，我們通常認為自己有權利享受已經習慣的交易條件，所以當條件惡化時，比如因為臨時需求上升而導致價格上漲，我們會覺得不公平，也會採取報復行為。了解了這一點，相信你就會明白：切記不要在危難時刻顯示貪婪。

如何讓人更環保？

2013年我們全家住在北京。那年我們感受最深的一點，就是用了大半年的時間研究各種防霧霾口罩。當然這些年中國的空氣品質有了明顯的改進，但在全球範圍內，自然環境的惡化，比如從氣候、海洋、垃圾等諸多方面，都已經成為一個很嚴重的問題。

冷靜想想，外賣的迅猛發展，一次性餐具的氾濫，還有其他各類垃圾的處理不到位，其實是一件非常可怕的事情。我分享一組資料，估計會讓你更有感觸。2019年中國337個城市（一至五線城市），總共產生的生活垃圾是3.43億噸，這個數字在2020年會達到3.6億噸以上。如果按照8.5億城鎮人口計算，我們每人每天產生的生活垃圾超過1.1公斤。

這些垃圾怎麼處理？在中國，大約60%的生活垃圾靠填埋，約30%靠焚燒處理。但無論是填埋還是焚燒，都會對環境造成很大的危害。尤其是填埋，且不說我們已經沒有更多的

地用於填埋，就是大量被填埋的垃圾通常也需要很長的時間才能降解。比如鋁制飲料，需要200年的時間才能降解。現在你就能明白，為什麼垃圾分類勢在必行了吧？

當然，環保不僅僅涉及垃圾分類，還包括節約用電、用水，減少尾氣排放等等。你可以把我們賴以生存的環境想成是全球範圍內一個巨大的環境選擇的結果。如何設計這個環境，會影響其中每個人的選擇，也會影響整體的結果。在這個選擇架構裡，有個人，有組織，也有政府。我想和你聚焦在個人的角度，也就是如何影響你我這樣的個體，使之做出更負責任的環保行為。**具體而言，就是如何通過社會影響力，也就是社會規範，來促進人們注重環保。**

之前，你已經了解過「破窗效應」。如果周圍的環境是雜亂無序的，比如有破碎的窗戶、隨手丟的垃圾，那麼這樣的環境會讓你更容易做出隨意破壞環境的行為，比如也會跟著在牆上亂畫，隨地吐痰等等。但如果這個現象反過來，用社會規範引導人們做好的事情，那麼從眾心理也會讓我們做出相應的選擇。

▶ 示範作用

我們應該如何通過助推的方式讓更多的人做環保的事情呢？

下面這個案例，就是通過非常巧妙但簡單易行的方式，成功地讓更多的人選擇了環保的行為。

這個研究發生在酒店行業。大家如果住過酒店，就會發現酒店每天更換毛巾、床單等是一筆很大的開銷，同時也會消耗和浪費大量的水電資源。所以不少酒店都想出各式各樣的辦法，鼓勵客人在入住期間盡量少換，甚至不換浴巾和床單。估計你也見過不少類似的標識。但你有沒有想過，什麼樣的勸說方式更有效？

在這個研究中，研究者在一家酒店做了兩次實驗，正是想探討上面這個問題，怎樣才能更有效地讓入住客人重複使用浴室毛巾。第一個實驗持續了80天的時間，研究人員觀察了190個酒店房間裡客人重複使用毛巾的比例。當然，這個實驗有一個操縱項，就是在這190個房間裡毛巾架子上方的牆上，貼了兩種不同的標識。

在其中一半的房間裡，這個標識上面寫著：「幫助拯救環境：您可以通過在住宿期間重複使用毛巾，來表達您對自然的尊重並幫助拯救環境。」

而在另一半的房間裡，這個標識上面寫著：「加入你的同胞，一起幫助拯救環境。大約75%的客人被邀請參加我們的節能活動時，都會重複使用毛巾。您可以與這些客人一起加入這個活動，並通過住宿期間重複使用毛巾來幫助拯救環境。」

請你猜一下，結果如何？哪種標識會導致更多的客人重複使用毛巾？

估計你大概會猜對。當標識展示的資訊體現了社會規範，也就是大多數人的做法時，有44%的客人在入住期間重複使用了毛巾。但當標識只是強調拯救環境時，重複使用毛巾的客人的比例只有35%，有將近10個百分點的差距。

由此可見，勸說人們選擇環保行為的一個非常有效的方式，就是告訴他，別人都這麼做了。於是人們普遍存在的從眾心理，也會讓其隨著多數人，做相同的事情。

▶ 我會模仿誰

但是不是所有的「別人」對你的影響都是同樣大呢？這個「別人」可能是和你更相似、關係更親密的人，也可能是與你毫無關係的他人，哪種人的做法對你影響會更大呢？沒錯，一定是和你關聯性更大的「別人」對你產生的影響更大。在前面提到的這篇文章中，研究者用另一個很巧妙的實驗證明了這一點。

這一次同樣是在酒店裡做的實驗，實驗延續了 53 天。但這次酒店房間裡貼上了三種不同的標識。

第一種是標準的環保資訊，鼓勵大家通過重複使用毛巾的方式來說明拯救環境。

第二種是告訴你，有75%的客人已經加入了酒店的節能活動，並重複使用毛巾。你也可以加入他們的行列，通過重複使用毛巾來幫助拯救環境。

第三種標識是新增的，說的是在過去住過這間客房的客人中，有75%的客人參與了酒店的節能活動並重複使用毛巾。你也可以加入他們的行列，通過重複使用毛巾來幫助拯救環境。

在這三種情況下，你覺得哪種標識會更有說服力？沒錯，在第三種情況下，也就是當這個參考群體離你更近的時候，它對你的影響力是最大的。當被告知之前入住同一房間的客人大部分都加入了這個節能活動的時候，有將近50%的人加入了節能計畫，並真正重複使用了毛巾，這個比例要明顯高於另外兩種情況。

這個實驗為我們揭示了一個很清晰的結論，就是想助推他人選擇環保的行動，或者其他任何你覺得正確的事情，一個非常有效的方式就是告訴他，別人都這麼做了，而且最好這個「別人」，離你想要影響的人群越近越好！類似的實驗以及現實生活中的例子還有很多。鼓勵他人多用公共交通、進行垃圾分類、減少吃自助餐時的浪費，都可以運用社會規範的作用。

當然，當某些行為還沒有被廣泛接受或踐行的時候，你很難說「80% 的人已經這麼做了」。這時，**榜樣或者某些公眾人物的做法，就可以成為一個錨點，引導大眾的行為。**當年姚明拒絕吃魚翅的公益廣告，影響了很多人，也在保護鯊魚方面成為華人的表率。

長江商學院的一位校友顏明曾經在我的班上做過一次分享。他是阿拉善一個公益組織的西北區負責人。他說自從開始做公益，自己就開始有變化，比如出差一定帶上自己的牙具、拖鞋、水杯等，不僅衛生，還能減少一次性用品的浪費。當時他那番話觸動了很多人。最直接的體現就是我現在出差都是自帶水瓶和洗漱用品。其實每個人點滴的變化彙集起來，就會成為新的社會規範。

想讓好的做法，比如環保行為，更廣泛地傳播，成為社會規範，還可以從行為心理學的結論中得到其他的啟發。**比如，之前你了解到人們對於新鮮的、引發情緒的資訊會更加關注，那麼如果可以把環保的行為、使用環保的產品做成時尚、很酷的事情，那它被關注、傳播以及被接受的程度都會提高。**

不知道你是否聽說過一個叫 Freitag 的背包品牌。它來自瑞士，由兄弟倆在二十幾年前創辦。但他們的包與眾不同，都是用回收的卡車篷布、汽車安全帶和自行車內胎等做出來的環保袋包。雖然都是回收上來的廢棄物，但他們卻憑藉環保的理念、巧妙的設計，把這個品牌打造成了時尚界的一個高端品

牌，目前已經形成了一套成熟的商業模式：每年派出採購員尋找200噸左右的防水布，拆分成2.4米見方的布片，送入工業洗衣機中用獨特的清潔液和回收的雨水清洗，晾乾，然後交給設計師設計，再由工廠縫製。最終的成品會被封箱運到世界各地的直營店、零售店等。有趣的是，在開箱之前，沒有一家店鋪知道自己會被分配到什麼式樣、顏色的產品。所以 Freitag 的每個包都是獨一無二的，這對於粉絲而言也是一件非常有趣的體驗。這個品牌在上海就有分店，而且擁有很多粉絲。

▶ ENDING・結語

在這一節裡，我們分享了如何運用心理學裡的社會規範來引導大家做好的事情，尤其是有助於環保的行為。不知道你學習完這一講內容後，有什麼樣的想法？人與自然的和諧相處，需要你我的共同努力，希望行為心理學的知識能在這中間起到有效的助推作用。

如何能多存錢？

　　2020 年疫情暴發，改變了很多人的生活。很多人開始感覺到現金流的重要性，而如何多存錢也成為年輕人很關心的問題。不少朋友會說現在存錢很難，銀行帳戶餘額似乎很難漲上去。的確，從大資料上看，中國的居民存款增長速度下滑非常嚴重。從 2008 年到 2018 年，短短 10 年間，城鄉居民存款增長速度從 18% 下滑到了 7% 左右。

　　存款不足，會帶來很多隱患，在這次突如其來的疫情期間，大家可能都有深刻的體會。很多個人和家庭突然陷入捉襟見肘的困境。對於未來不可預測的風險，我們都需要有足夠的儲備來支撐。你可能會說，不是我不想存，而是根本沒錢可存！現在日常生活需要的花銷太大了。

　　但真的如此嗎？其實有研究證明，即使是窮人，那些每天靠不到 1 美元生活的人，也會把錢花到非必要的消費上，比如煙、酒、電視。可見並不是沒有錢可以存，只是你沒有找到好

的辦法。從行為心理學的角度出發，讓你在能力範圍內存下更多的錢，就是這一講我想和你分享的內容。

▶ 為什麼我們存不下錢？

如果問你是否想為未來存足夠的錢，你的答案一定是yes。你甚至可以說出一系列具體的措施，比如減少外出吃飯的次數，不再去買當季最流行的包包等等。但這些美好的計畫似乎總是很難實現。本來說好每周最多出去吃一次，結果今天同事生日，明天下班實在太累了……又出去吃了好幾次。當下的情況總會讓我們忽略那些美好的計畫。再比如，你下定決心攢錢，兩年之內不再買包包，結果到了櫃檯前，看到今年新出的款式，想像著背上它的感覺，又忍不住掏出了手機打開支付碼。

其實這些現象反映的恰恰是我們之前介紹的人腦的雙系統理論。當你對將來做規劃的時候，你用的往往是理性的系統2。你會更關注你覺得應該做的事情，多存錢，多鍛鍊，多讀書。但真正到每個實際決策的時點，我們衝動的系統1就會開始主導。它很容易被誘惑吸引，讓我們做出滿足短期利益但不利於長期利益的事情。買下那個並不需要的包包，天天出去吃飯，的確讓你當下更快樂，但這些都與你想存錢的那個長期目標背道而馳。

▶ 存錢妙招

可見，存錢不容易，因為它需要我們克服系統 1 的影響，避免優先考慮當下感受的傾向。那如何能克服這種傾向，從而讓我們能存下錢來呢？

我想從行為心理學的結論中給你提一些建議。

首先，發揮預設選項的作用。你也許還記得，在前面的章節裡，我和你分享了「改變為什麼如此困難」。人們通常都喜歡墨守成規，不願意改變當前的狀況，這裡很重要的一個原因，是因為人們害怕損失。改變現狀有可能更好，也有可能更差，但因為我們對於損失的敏感度要遠遠大於對於獲得的敏感度，所以大部分人選擇墨守成規，這樣可以規避改變可能帶來的損失。了解了人的這個特點，我們就可以巧妙地運用它，幫助人們存錢。比如說每個月，工作單位都會從你的薪資中扣除繳納五險一金[2]的費用，這是預設選項。這一預設選項會強制你為未來做打算。

同樣，我們可以根據這個原理，給自己設計一個預設選項，比如在銀行設一個存款帳戶，然後設定成每月發薪水時自動從中扣除 5% 放到這個帳戶裡，用於未來的應急。因為我們

2　指中國大陸地區勞動者所享有的社會保險福利。

規避改變，所以不自覺地就會將存錢的習慣堅持下來。其實預設選項的作用不僅僅適用於存錢，還可以體現在很多其他的地方，比如有個學校想讓大家在使用印表機時節約用紙，於是他們把所有的印表機都設置為默認雙面列印——當然你也可以選擇單面列印。結果一個學期後，學校節省了700多萬張打印紙，相當於少砍了幾百棵樹！這就是預設選項的巨大魔力。

其次，把明天存錢設置成預設選項。如果你能把每個月的薪水拿出更多的比例放入存款帳戶，並把這個設成預設選項，當然會增加你存錢的數量。但很多人會說，這不行，現在的錢真的不夠花，不能再提高存錢的比例了。等將來掙的錢多了，再多存。你是不是也會有這樣的想法？

但你想想，如果將來你的薪水真的漲了，你會真的提高存錢的比例嗎？大概是不會，因為到時侯你可能又有了新的藉口。那怎麼辦？

2017年諾貝爾經濟學獎的獲得者理查‧塞勒教授提出了一個非常有意思的建議，叫「明天多存錢」。這是什麼意思呢？就是讓你自己決定，是現在提高儲蓄率，還是今後漲薪水的時候再提高儲蓄率。他的假設是，大部分人對於現在就要提高儲蓄率會反感，覺得是個損失；但如果是對於將來的承諾，而且是在漲薪水之後才發生，感覺就會好很多，也會更容易答應並堅持。

但是否真的如此呢？我們來看一個真實的資料：

塞勒和一家公司合作，在他們的職員中做了一個實驗。首先，他對所有的員工提出建議，提高每個月往養老金帳戶裡存錢的比例。具體而言，就是提高5個百分點。結果75%的員工拒絕了這個建議。對於這部分拒絕的員工，實驗人員又建議他們可以在下次漲薪的時候再提高儲蓄率，而且以後每次漲薪都提高儲蓄率，堅持四次。結果，有78%的員工都接受了這個新的建議。這個建議就是所謂的「明天多存錢」計畫。

這個實驗持續了3年半的時間，員工共漲薪四次，那些參與了「明天多存錢」計畫的員工的養老金存錢比例也相應調整了四次。他們的儲蓄率最終提高到13.6%。而最開始接受漲5%的那些員工，一直維持著這個現狀，3年半下來後，存儲率僅保持在8.8%。所以，現在有更多的企業在採取「明天多存錢」計畫，幫助員工多存錢。你也可以考慮給自己和家人設計這樣的計畫，每次漲薪或者有了額外的收入，自動提高存款的比例。這樣，你既不用在當下做痛苦的決定，還能從長遠角度增加存款。

最後，我還想給你介紹一個方法，就是借用行為心理學裡「心理帳戶」的概念。心理帳戶指的是，我們在大腦裡會對不同類型的花銷生成不同的帳戶，比如買菜帳戶、孩子教育帳戶、家庭旅遊帳戶等，然後把錢分配到這些帳戶中。

實驗證明，錢一旦被分配到這些不同的帳戶中，就不太容易在帳戶之間流動。比如，如果今年旅行的預算已經花完了，即使買菜的帳戶以及孩子教育的帳戶還有錢，我們也不太會去挪用。你也可以理解成專款專用。

引申下來就是，我們可以把一部分錢放在一個預先生成的存款帳戶中，而且為了減少挪用的可能性，可以給這個帳戶加入一些描述，使得挪用它會讓你產生愧疚，這樣也會幫助你存錢。

曾經有一批研究者在印度當地的建築工人中做了一個很有意思的實驗。當這些工人每個月收到薪水時，實驗者會把其中一部分錢放進一個單獨的信封裡，然後告訴工人，這部分錢最好能存起來不花。

實驗者還做了一個巧妙的設計，其中一部分人收到的信封上印有他們孩子的照片，另外一部分人收到的信封就是普通的白信封，沒有特別的裝飾。結果收到上面印有孩子照片信封的那組人，更能做到不去動用存款信封裡的錢。為什麼呢？相信你肯定已經想到了。因為孩子的照片讓這些工人想到這部分錢將用於孩子，所以他們更加可能將它存下來，用於孩子的未來發展。你也可以採用同樣的邏輯，將每個月的薪水自動轉到幾個不同的帳戶：日常消費、白身發展基金、孩子教育基金或者是心願基金，這樣做能幫你規避隨意將錢用到不應該用的地方。

▶ ENDING・結語

　　在這節內容裡，我介紹了幾種幫助你存錢的方法。不論是預設選項法，還是「明天多存錢」、心理帳戶等方法，都是說明我們克服系統1優先考慮當下感受的傾向，讓我們能做出從長期來看更好的決策。希望這些內容能夠說明你更好地規劃自己的生活。

DECISION LOGIC

—— 結語　　如何做出更好的決策？

如何做出更好的決策？

作為本書的最後一部分，我想做一個小結，為你推薦一些延展的讀物，並且分享一下我學行為心理學這些年的一些感悟，希望能對你更好地了解自己、提高決策品質有所幫助。

我構思這本書的初心是希望用樸素的語言為讀者介紹一門既嚴謹又有趣的學科——行為心理學。我希望從生活中的例子入手，為你介紹這些例子背後的心理學原理，並通過講解一些經典的實驗，讓你對自己以及自己的決策過程有更清晰的了解。

在開篇，我首先提出了一個核心問題：我們是否了解自己？我們的大腦到底是如何工作的？或許你還記得那個襪子的實驗，通過這個實驗，你了解到其實我們對自己的認知很有限，而影響我們決策的真正因素往往隱藏在我們的潛意識裡。

之後，我通過系統 1 和系統 2 這個比喻，為你解釋大腦是

如何工作的。我們的大部分決策都是由系統 1 來完成的，而系統 1 像是一個精力旺盛而又情緒化的孩子，所以它做決策雖然快速，但難免會有系統的偏差。而系統 2 就像是一個年長的智者，採用理性的思維方式，遵循規則，但決策速度慢。系統 2 通常會接受系統 1 的判斷，但我們遇到困難的問題，或者需要自我約束的時候，只能依靠系統 2。

緊接著，我用了三個章節的篇幅介紹了影響我們決策過程的三個重要因素：情緒、思維方式以及周圍環境。情緒對決策有重要的影響，比如相比「得到」我們會對「失去」有更強烈的感受，會對已經擁有的東西迷戀不能自拔，這也就是所謂的所有權依戀症。關於思維方式，我介紹了一系列的啟發式，比如可得性啟發式、代表性啟發式以及錨定和調整啟發式，這些都是幫助我們做決策的思維捷徑。它們雖然能讓我們在短時間內做出判斷，但也會給我們帶來系統的偏差。最後，我介紹了環境對決策的影響，比如選擇架構的設計以及物理環境和社會環境對我們的影響。這些因素都會對你我的決策產生系統的影響，而且很多時候是我們完全沒有意識到的。當然，這樣的影響並不僅僅適用於當下的決策，也同樣會影響我們對過去的記憶以及對未來的判斷。最後，我介紹了行為心理學在生活中的實際應用，比如如何減少偏見，如何推進環保的行為，以及如何能讓你存更多的錢。

當然，行為心理學是一門覆蓋面很廣的學科，而且它也在不斷地發展、演進。我在這本書裡介紹的是我認為比較核心的

一些內容，如果你對這個話題很感興趣，希望能進一步學習，下面這些經典的書可能會對你很有幫助。

　　我想推薦的第一本書，叫《快思慢想》。它的作者是我在本書中多次提到的行為心理學的奠基人之一——丹尼爾·康納曼。這也是一位對我影響很大的心理學家。他的很多研究，不僅巧妙，而且嚴謹，系統地解釋了人是如何思考以及決策的。這本書含金量很高，但並不太好讀，我看過好幾遍，而且每次看都會有新的感觸。我相信，當你讀完我們的書，再去讀這本書，你會有更深的理解。

　　我想推薦的第二本書，是《不當行為：行為經濟學之父教你更聰明的思考、理財、看世界》。作者也是我在本書中提到的一位大家，2017年諾貝爾經濟學獎獲得者，理查·塞勒。塞勒在我看來是一位很會講故事的學者。他能把深奧的學術文章用通俗易懂、引人入勝的語言娓娓道來。在他這本書中，你不僅能學到行為心理學的知識，還可以了解到這個領域中的幾位奠基人——康納曼、特沃斯基和塞勒本人的性格特點，以及他們因為共同興趣而結成的美妙動人的友誼。塞勒在讀博士的時候並不被他人看好，事實上他的指導教授在他博士畢業的時候，對他的評價是「我們對他沒有寄予厚望」。但他這樣充滿智慧、好奇心且勇於追求真相，為我們開闢了這個魅力無窮的領域。讀這樣的書，了解這樣的主人公，也會鼓勵我們自己，不要人云亦云，要學會獨立的思考，用科學、理性的方法了解自己，認知世界。

最後，我也想借這個機會，和你分享一下我學心理學這麼多年的一些感悟。

我的第一個感悟是：**不要過於自信，也不要輕信那些信心滿滿的人的預測**。我們對自己的認知很有限，我們在做決策的時候會受到很多外界因素以及系統 1 的影響，這使得我們的判斷容易出現系統的偏差。比如對自己能力的判斷，對未來的預測，大部分人並不準確。

你可能會問，這些心理學家對人的心理有這麼多的了解，他們是不是就不犯錯誤，在決策時更加理性？答案是不能。丹尼爾・康納曼也曾非常坦率地說，他的決策品質在很多領域並沒有隨著知識的豐富而提高。為什麼？因為系統 1 太強大了，很多時候不由我們控制。所以我的第一條建議是，不要對自己的直覺和判斷過於自信，抱著謙虛的心態反而是件好事。這也會讓你規避所有權依戀症所帶來的思想上的固化，從而更能接受新的資訊，隨時調整，做出更加合理的判斷。與此同時，對於他人的判斷，不要因為對方語氣自信、有感染力就輕易相信，因為別人和我們一樣，都很容易犯錯誤。

我的第二個感悟是：**讓資料說話**。首先，客觀地觀察自己的行為，更新對自己的認知。你可能自認為是一個很大方的人或者很有毅力的人，但未必是，因為我們對自己的認知通常是不全面的，也偏於樂觀。很多時候，你會發現我們的認知和行為相差甚遠。

真正了解自己的方法是記錄真實發生的行為。其次,通過科學的實驗方法,收集資料,盡可能地了解人和世界的真實面目。對於任何一個問題,你都可以首先提出自己的假設,然後採用科學的方法收集資料,最後讓客觀的資料分析結果告訴你,之前的假設是否正確。這個過程不僅能讓你更好地了解自己以及他人,也能讓你養成實驗的習慣,並意識到很多時候,我們深信不疑的想法並不一定正確,我們其實很難預測別人的態度和觀點。

我的第三個感悟,也是與這本書開始提出的問題最直接相關的一個感悟:**當你要做重要決策的時候,到底該怎麼做?你會發現日常生活中很多決策的重要性並沒有那麼大。**所以系統 1 足夠用了,雖然有時會犯錯,但總體而言,可以說是又快又好。但對於重要的、後續影響很大的決策,我們要讓自己先慢下來,系統 2 啟動起來,盡可能做理性的思考。

與此同時,要多聽取他人的建議。我們看自己很多時候並不客觀,但看別人會很清晰。同樣,他人對我們的認知會更加精準。但並非所有他人的建議都同等重要,這裡需要找到的那個「他人」,最好是一個了解你、在乎你,但同時又不是那麼在乎你感受的人。客觀的話往往並不好聽,但它的價值可能很大。如果你身邊有真正在乎你又能和你說真話的人,請你一定要珍惜。

當然,除了上面的三點感悟,多讀書,多學習,深耕某個

領域，無疑是幫你提升思考決策能力的重要途徑。

　　到這裡，這本書也要落下帷幕了。感謝這個美妙的學科，讓我們通過文字認識彼此。再次感謝你的閱讀。

附錄

　　我在喜馬拉雅講課過程中，有的朋友提出了一些問題，讓我也很想跟大家有所回應。以下回答其中一些提問次數比較多的問題，順便也分享一些我的心得。

1. 為什麼那麼多國家對中國有意見？

　　我想和大家分享一位來自「00 後」朋友的問題。他的問題是：為什麼現在有那麼多國家對中國有意見？如果你關注新聞，那麼一定會和這位朋友一樣注意到最近國際上對中國的反對聲音比較多，當然主要是來自美國，從貿易戰到新冠疫情，到對華為的封殺，最近又要求關閉中國駐休士頓領事館，之後還有來自英國以及印度的負面聲音。這難免會讓人覺得，怎麼現在這麼多國家都對中國有意見？如果你是這位朋友的家長，你會怎麼回答他？

　　對這個問題，我的第一個反應就是我之前提到的可得性啟發式。人們喜歡用容易得到的資訊做判斷，並把它等同於真實的資訊。所以就這個問題，**你首先需要問的是，這個問題是否成立？是不是真的有很多國家對中國有意見？**比如，難道反美的國家就比反華的國家數量少嗎？不一定。如果不是，那麼為

什麼大家會有這樣的認知？這裡很可能的一個原因是近來主要的媒體新聞都在講美國以及其他國家對中國的抵制。這樣的新聞隨處可見，而且因為容易激發情緒，也會被廣泛傳播，於是根據可得性啟發式，人們會把這樣的資訊誇大，認為具有普遍性。但這並不一定代表客觀事實。

當然，不管對中國有意見的國家是多還是少，無需質疑的一點是，意見肯定是存在的，而且近來尤為凸顯。至於為什麼，這裡的原因有很多。比如中國強大了。你弱的時候，沒人在乎你，但現在你強大了，而且要和之前的霸主爭奪話語權，必然會產生矛盾。正如中國那句老話，槍打出頭鳥。

謝謝這位朋友的問題，讓我有機會和更多人分享。其實也有其他聽眾朋友提到要對新聞多加質疑，客觀評價，這樣也是在從本質上鍛鍊你的系統 2。我在讀博士的整個過程中收穫最大的一點，就是提問能力的提高。能提出問題，說明你在思考，能提出好的問題，說明你的批判性思維能力在提高，這是進步的一個最重要的過程。

2.什麼是理性？

這條留言很有趣，也很有代表性，所以我想和大家分享一下。

這位聽眾是在聽完第二講「大腦是如何做決策的」那節課之後留的言。在那節課我給大家出了一道題目：如果 5 臺機器

5分鐘可以生產出 5 個零件，那麼100臺機器需要多長時間能生產出100個零件？很多人第一反應都 100分鐘，但正確答案是5分鐘。這位聽眾在雪梨，她聽完後興奮地給我留言：「雪梨時間深夜 12 點半，我的第一反應就是5分鐘，能不能說明我是個相對理性的人呢？」

這裡涉及一個重要的話題：什麼是理性？如何定義理性？這個問題很多人都問過。我們通常會覺得理性的人往往更謹慎，做事深思熟慮，通情達理，可能還會有點兒冷的感覺。但這些只是我們日常的理解。對於經濟學家而言，理性有著完全不同的定義。經濟學裡的理性指的是追求利益最大化，而且更重要的一個特點是：一個理性經濟人的信念和偏好具有內在的一致性，也就是說，不管一個人的偏好或決策聽上去是否合理，只要是在不同場景下具有一致性，這個人就是理性的。諾貝爾經濟學獎獲得者康納曼曾經舉例說，一個人可以相信世界上有鬼，只要他的其他信念也和世界上有鬼這個信念相一致，這個人就是理性的。同樣，一個人可以喜歡被別人恨大於被別人愛，只要他的這個偏好具有一致性，這個人也是理性的。可見衡量理性的一個重要標誌是偏好和信念具有一致性，而不是你的看法一定是正確的。

這樣說來，你就能理解為什麼以康納曼為代表的一些行為心理學專家，會對理性經濟人這個假設提出質疑。因為大量的實驗證明，人們的決策、偏好、信念不具備一致性，會受到各類外界因素的影響。比如我們之前講到的語義效應，同樣的資

訊採取不同的表達方式會改變你的決策，還有隨機設定的錨點也會改變人們的偏好。基於此，在行為心理學裡，我們認為人不是完全理性而是有限理性。

3. 我很喜歡的一檔美食節目《不可能成功的餐廳》

在之前的內容中，我和你分享了一個行為心理學裡很重要的發現——所有權依戀症，就是人們對自己擁有的東西會迷戀，因而會高估它的價值。這期節目播出後有聽眾朋友提到對這個概念很有同感，而且專門私信給我，說這個概念讓她想到企業家還有股票持有者，他們往往對自己的想法有依戀症，而且這種依戀症有時也會有負面的影響。既然大家對這個概念這麼有同感，我想再和大家分享一個所有權依戀症的很有意思的體現，同時分享一個我非常喜歡的美食節目！

我剛去美國讀博士的時候，學習壓力很大。那時我解壓的方法主要有兩個，一個是去健身房，另一個就是看美食節目。這麼多年過去了，這兩個習慣一直延續到今天，而且也在影響著我的孩子和我周圍其他的人。

最近讓我很喜歡的一檔美食節目是美國美食頻道的《Restaurant：Impossible》，我把它翻譯成《不可能成功的餐廳》。這檔節目從 2011 年開始播出，在每一期中，節目的主角羅伯特（一名企業家，也是一位經驗豐富的大廚）都會於 48 小時之內，在 1 萬美元的預算範圍裡，說明一家瀕臨倒閉的餐廳翻新，並讓其重振旗鼓。

我簡單描述一下我最近看的這一期節目，讓你有一些直觀的感受。就在 2020 年 1 月，他們做了一期節目，幫助佛羅里達州的一家希臘餐廳起死回生。節目的開始，是羅伯特走訪這家餐廳，發現室內裝修完全沒有希臘風格，食物難吃，員工沒有經過培訓，甚至會用手直接觸摸送上餐桌的食物。最重要的是，他們對工作沒有熱情。這家餐廳的老闆是一位希臘人，從小在父親開的餐廳裡長大，但父親去世後，他失去了多年的精神支柱，又身患糖尿病，這家家族餐廳也就每況愈下。

如果你是第一次看這檔節目，你可能會猜想這個從天而降的羅伯特會怎麼做？他或許會在室內裝潢、菜單以及具體的菜品做法上提升並改變這家馬上就要關門的餐廳。他和他的團隊的確在這些方面下了功夫，但真正打動我的，也是我覺得這檔節目最吸引人的地方，是羅伯特更像一位心理諮詢師。他會從和店主及其家人，以及員工的訪談過程中發現人的問題，並通過一種既嚴厲又關愛的方式讓店主以及他的員工能夠重新找到內心的熱情和動力。

就拿上面我提到的這集內容來說，羅伯特在第一天裡和這家希臘餐廳的近 10 位員工一起交流，發現每個人都提到了一個同樣的問題，就是店主凡事都要自己做主，不會放權，雖然大家都覺得這個老闆人很好，但員工並沒有工作的熱情！

於是羅伯特做了一件很有趣的事情：在第一天結束之前，他讓這家餐廳的老闆鮑比回家寫下每天從進入餐廳到離開需要

做的每一件事情。第二天早上，拿到這個清單之後，羅伯特讓這位店主當著所有員工的面，模擬完成每一項任務。你可以想像，這位店主當時忙得不可開交、疲憊不堪，而且感覺很糟糕。所以羅伯特想讓他明白的第一個道理是：好的領導一定會放權，調動他人的積極性。

然後，作為一家餐廳的店主，最重要的任務就是盡可能和前來用餐的顧客交流，給他們好的體驗。而在羅伯特提出這個問題之前，鮑比似乎從來沒有意識到自己之前的做法有什麼問題。

說到這裡，不知道你是否會聯想到我們之前講到的所有權依戀症——迷戀我們擁有的東西，害怕損失，對自己的想法固執己見。事實上，因為喜歡這檔節目，對此我也做了一些研究，結果發現很多身處困境的餐廳老闆其實是不願意主動出來尋求幫助的——因為很多時候他們意識不到自己的思路、做法有問題，大部分時候是家人或者職員向節目組發出的求助申請。所有權依戀症有時會害了你，尤其是當你越成功、越有地位時，你越會迷戀自己的想法。

當然在這一期的節目中，店主鮑比接受了羅伯特的批評，有效地把工作委託給了職員。48 小時後，當這家希臘餐廳經過一系列改變，再次開門迎客的時候，不僅其內部裝修煥然一新，員工也更有動力積極地工作，店主更是一整天沒進廚房，而是在大堂和顧客輕鬆交流。

如果你看過幾期就會知道，這檔節目還有一個特點：每次節目一開始，你看到的這家餐廳必定一無是處，這也就是為什麼節目的名字是《不可能成功的餐廳》。中間你會看到很多衝突，但結尾一定非常美滿。這也是我們日常生活中經常見到的節目和故事的模式。為什麼大家都會採用這樣的故事結構呢？了解了我前面講到的「峰終定律」，大家就能夠深刻理解這種結構的原因了。

　　我在早期看這檔節目的時候，會問自己，經過 48 小時改造的餐廳，等羅伯特走了，攝像組不在了，媒體也不再傳播了，是否能持續好下去？我還真做了一些研究，結果發現，雖然有些餐廳在參加完這檔節目之後的確能維持好的發展勢頭，但還是有很大一部分餐廳最終以關門告終。這也很符合邏輯，由來已久的問題不是簡單的 48 小時努力就能解決的。但這個節目的設計，中間的心理分析，峰終定律的嫻熟運用，都成功地把每一期節目打造成一個動人的故事！與其說這是一檔美食節目，不如說這是一檔關於心靈的節目。恰恰是因為與人相關，它才如此動人。

4. 成功案例值得相信嗎？

　　今天，我想回答一位朋友提出的一個非常好的問題——那些我們經常聽到的成功案例是否值得相信並去效仿？

　　這位朋友是在聽完《夜燈會導致近視嗎？》後提出的這個問題。在那一講中，我介紹了夜燈是否會導致孩子近視的研

究：雖然早期的研究顯示夜燈的使用和孩子的近視有相關性，但後來的研究證明兩者間並沒有因果關係。換句話說，嬰兒期間使用夜燈，並不會增加孩子得近視的機率。於是在那節課的結尾，我也特別強調「如果你想了解世界的真相，不要過多相信故事，尤其是那些講得極具感染力的故事，因為它們往往是片面的」。基於這樣的背景內容，這位聽眾的問題是：「歷史故事和商學院的案例都是極具感染力的，這些只能作為參考，不能下結論，對嗎？」

我覺得這是一個非常好的問題。我自己在商學院教書，也會經常研究成功企業的案例，尋找規律，分享給同學們。類似的成功類書籍更是琳琅滿目，而且往往都會用極具感染力的宣傳語去勸你購買和學習。它們似乎在承諾，做了這些 1、2、3，你就能了解商業的本質，你的企業也會成功。但在這裡我想給你敲個警鐘，那就是這些被渲染的成功案例，往往都是個例，很多並沒有代表性，更重要的是這裡沒有必然的因果關係！換句話說，即使你做了所有華為、蘋果、谷歌做過的事情，也未必會成功──事實上你大概會失敗。

為什麼？這裡我想給你介紹一個概念──倖存者偏差。

所謂倖存者偏差，指的是我們依據存活下來的案例得出的結論，並不能代表真實的世界，因為它忽略了那些沒能存活下來的資料。這個邏輯有點繞，我舉個真實的案例，也是倖存者偏差最早的一個應用。

事情發生在二戰期間，美國軍隊想研究該如何加強他們的戰鬥機。他們觀察了遭受攻擊後返回的戰鬥機，發現機翼是最容易被擊中的位置，機尾則是最少被擊中的位置。於是他們得出結論，應該加強機翼的防護，因為這是最容易被擊中的位置。與此同時，一位統計學教授提出相反的結論——我們應該強化機尾的防護。

　　如果是你，你會同意哪一方的建議？

　　事實證明，這位統計學教授的結論是正確的。為什麼？因為在觀察到的樣本裡，只包含了能平安返回的戰鬥機，也就是存活下來的樣本。被多次擊中機翼的戰鬥機，似乎還能夠安全返航；而機尾的位置很少發現彈孔的原因，並非是機尾不容易被擊中，而是一旦機尾中彈，飛機大概就墜亡了，不可能返回。所以，真正需要加固的是機尾。軍方採納了這位教授的建議，並且後來的事實的確證明這個決策是正確的。

　　可見那些看不見的彈痕，也就是那些沒有倖存下來的案例，才是最致命、最有價值的資訊！

　　了解了倖存者偏差，希望你今後再看到成功案例或者極具感染力的故事時，能帶著批判思維去審視，多想想這是不是全面的資訊，更重要的是想想我在之前提到過的基礎機率。

　　說到這裡，我想到前幾年「虎媽」興起，不少家長效仿，

一定要對孩子嚴加管教，之後又出現了「貓爸」，於是家長們又都坐不住了，開始提倡民主，培養孩子的興趣。其實這兩種做法都不能保證一定能教出成功的孩子，畢竟我們看到的只是兩個「倖存者」的案例。重要的還是要看基礎機率，然後針對自己孩子的特點，嘗試不同的方法。其實在因果關係那節內容中，我最後提到的建議是「多去了解客觀的資料，採用更全面的視角，並且相信科學實驗的價值」。了解基礎機率，針對自身的情況實驗和試錯，或許是一個更好的做決策的路徑。

5.一份幸福測試樣本分析

在做本書的音訊節目時，我邀請大家做了一個關於幸福的小測試。當時有不少朋友幫我轉發，讓我能在兩天之內收到400多份有效回答，非常感謝！這也讓我意識到大家對這個話題很感興趣。畢竟，誰不希望自己能幸福呢？

今天我就和大家分享一下從這些資料中我發現了什麼。首先我簡單描述一下收上來的資料。兩天之內，我總共收到438份有效問卷：

- 從性別來看：男性 164 人，占 37%；女性 274 人，占 63%。
- 從年齡段來看：30 –50 歲的人占了近 58%，30 歲以下的占了 23%，50 歲以上的占了 19%。這是一個比較有年齡跨度的樣本。（感謝我的女兒和母親，讓我能收集到 20 歲以下和 60 歲以上的人的資料。）

· 從地區來看：北京、上海、廣州占了整個樣本的 62%，是絕對的主體，其他各省都有資料，但樣本量都相對較小。所以這個資料的分析結論有地域的局限性。

· 最後從收入的角度看：家庭年收入在 5 萬元以下的占 10%；年收入 5 萬—10 萬元、10 萬—20 萬元、20 萬—30 萬元、30 萬—50 萬元的各占 15% 左右；年收入 50 萬元以上的占 30%。

描述完資料的基本情況，我想和大家分享一下結論，就是在這個樣本中，人們到底有多幸福？誰更幸福？

在這個問卷中，我通過測量主觀幸福感來測量幸福狀況。根據現有的文獻，我用了兩種測量方式。一種是整體的生活滿意度—— 請你想像一下有一架階梯，層級從 0 到 10，0 代表最糟糕的生活，10 代表最美好的生活，你認為自己站在哪一級臺階上？這個問題是衡量你對自己整體生活滿意度的評價。

與此同時，我還測量了大家日常生活中快樂和痛苦的感受。具體而言，我問參與者昨天是否有過享受和快樂的情緒，以及是否有憂傷、憤怒、壓力以及焦慮的情緒。換句話說，我在測量他們當下感受到的正向以及負向的情緒。

所以衡量幸福感主要是通過兩個維度：一個是從認知層面，對自己的生活有多滿意；另一個是從情感體驗層面，是否能在日常生活中感受到快樂。

下面我分享一下測試結果：

我們先看一下整體資料的平均值：在被調查的人中，生活滿意度的平均值是 6.5。在 0 到 10 的階梯上，這是一個中等偏上的水準，整體而言，大家對目前的生活還是比較滿意的！關於情緒的測量都是從1到7，而大家的正向情緒的平均值是 4.6，負向情緒的平均值是 2.9。這說明，**平均而言，大家感受到的正面情緒相比負面情緒要更多**。值得一提的是，這幾個資料和在世界範圍內的大資料統計出來的結果非常接近。

當然，平均值很多時候會掩蓋很多重要的差別，因此除了看平均值，更有價值的是看一看幸福感在不同的人群中是否有明顯的差異。

首先，我們看性別，結果顯示**女性比男性的生活滿意度更高**。在從 0 到 10 的整體生活滿意度上，女性的平均值是 6.7，而男性只有 6.2。這個差距在統計學上是顯著的。但對於正向和負向的情緒體驗，男女之間的差異並不明顯。

其次，我們看一下**年齡**——你會看到一些非常有意思的結果。觀察一下圖 1，**你會發現幸福感和年齡的關係是一個 U 型關係。**20 歲以下的孩子、60 歲以上的老人，他們的幸福感是最高的。

但中間的人，尤其是 20—40 歲的人生活滿意度是最低

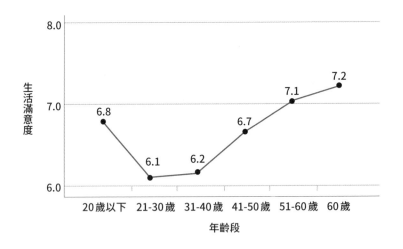

圖1　年齡與生活滿意度的關係

的，比起 60 歲以上的老人整整下降了一個臺階，而 40 歲以後幸福感開始回升。**這個 U 型的結論也同樣體現在他們平時感受到的正向情緒上。20— 40 歲的人日常生活中感受到的正向情緒最少**，但 20 歲以下以及 40 歲以上的人感受到了更多的快樂。負向情緒比較有趣：年輕人的負面情緒比較多，包括 20 歲以下的人。但 40 歲以上的人感受到的負面情緒相對比較少。

　　最後，我們看一下收入和幸福感的關係（見圖 2）。這也是一個備受關注的話題。對於整體生活滿意度，家庭收入和生活滿意度有明顯的正向關係，也就是更高的收入帶來更滿意的生活。但更細化的分析顯示，這個顯著的差異主要是來自於家庭年收入 40 萬—50 萬元的這組人，他們的幸福感要顯著高於

家庭年收入在 10 萬元以下的人。但值得注意的是，年收入10萬—40 萬元之間的人在生活滿意度上是沒有顯著差異的。

更重要的是，雖然家庭年收入高於50萬元的人的幸福感要比收入在40萬元以下的每組人都高，但是和家庭收入40萬—50萬元之間的人相比，他們之間是沒有顯著差異的。

這告訴我們什麼呢？簡單而言，收入的確可以提高幸福感，但這個效果對於低收入的人群更加明顯。當收入到了一定階段，它對幸福感的提升就不再顯著。至於這個點在哪裡，其實不好定論，畢竟我的樣本相對於整個中國是一個非常非常小的樣本，而且不夠隨機，不具有代表性，所以我會非常小心地

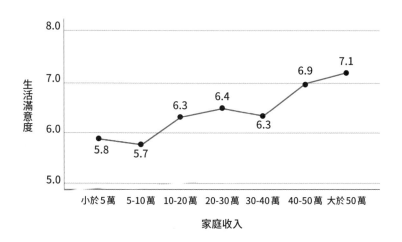

圖2　家庭收入與生活滿意度的關係

做出定論。但比較有意思的是，我發現的這個臨界點——家庭年收入40萬—50萬元——和一些大資料的研究非常接近。

另外，我也分析了一下收入和正向情緒、負向情緒之間的關係。對於你每天感受到的正向情緒，你會發現收入對它的影響和收入對整體生活滿意度的影響幾乎完全一樣。家庭年收入在40萬—50元的人感受到的正向情緒要比低收入的人更多，但和家庭年收入50萬元以上的人沒有顯著差異。最後，收入和負面情緒的關係並不顯著。在這個樣本中，各個收入階層的人感受到的負面情緒沒有明顯的差異。

我想對這些定量的問題結果做些解釋，也分享一點我的心得。我必須再次強調，400多人是一個非常小的樣本，而且資料的收集方式並不隨機，不具有代表性，所以任何結論都只限於這個樣本。我會非常謹慎地將其擴展到其他人群。但是在這個不完美的資料裡，我發現的結果卻和心理學文獻中的結論非常接近。

第一，女性比男性感受到更高的生活滿意度，小孩子和老人也比中年人更幸福。至於為什麼會有這樣的結論，大家可以想出各式各樣的解釋，但因為我沒有資料去支援或者駁斥任何解釋，在此我就不討論原因了。**另一個重要的結論是，金錢的確可以提高幸福感，但錢的作用對於低收入的人要更明顯。當收入達到一定的水準，它對幸福感的提升就不再顯著。**

在那個幸福測試中，除了定量問題，還有另外一個問題，是請參與者列出能讓他們更快樂的三件事情。我特地說明，可以是任何願望。也就是想像你有一個魔法棒，可以幫助你實現所有的願望，你會提出哪三個願望？因為這部分內容是文本資訊，分析起來比較複雜，我因此多花了一些時間。

我總共收到了438個人的回答。每人列出了三個願望，這樣總共有超過1300個願望。你可以想像，大家提出的願望各式各樣。那麼要怎樣分析這些多元的願望呢？首先我和我的研究助理阿麗雅分別看了一下每個人的回答，並在此基礎上商量了一個把這些願望進行分類的方法。

具體而言，我們把大家寫出的願望分成了以下幾大類：

(1)**物質需求**：比如掙更多的錢，買車、買房子、購物等。這些願望都是滿足你的物質需求。

(2)**自由的時間**：很多人提到希望能有更多的時間做喜歡的事情，比如旅遊、讀書、思考、獨處、打遊戲、做飯、攝影等。這些願望我們統一劃分在自由的時間這一類別。

(3)**和家庭相關**：這也是很多人都提到的內容。很多人覺得如果父母健康，家人工作順利，孩子學業有成、更懂事，生活也就會更快樂、更幸福。

(4)**事業以及被認可**：比如希望被提拔、專案順利、工作有成就感、團隊優秀、被尊重等。

上面這四大類占了所有願望的 76%。也就是被人們認為能提升幸福感的願望超過 3/4 都和物質需要、自由的時間、家庭以及事業這四大類內容相關。

你能猜出這四大類中哪一類願望在問卷中出現得最多嗎？我本來以為物質需求可能會排名第一，畢竟之前有不少研究都提到大部分人都覺得金錢是帶來幸福的首要因素。但結果還是比較讓我意外，也再次讓我提醒自己不要隨便相信自己的直覺，要讓資料說話。

在這 1300 多個願望中，**排名第一的是「自由的時間」**，它占到了總體願望的 23%。有將近 1/4 的人覺得如果有自由的時間能做自己喜歡的事情，能讓自己更加快樂幸福。那這些時間希望花在哪裡呢？大家提到比較多的有旅遊、讀書、獨處、做喜歡的事、打遊戲等。

緊接其後的是和家庭相關的願望，占比 22%，也是很高的比例。他們提到了家庭和睦、父母健康、家人工作順利等內容。那麼大家能不能猜一猜在這個類別中哪個方面的內容被提到的次數最多呢？如果你有孩子，也許你已經猜到了，就是和孩子相關的內容，比如孩子學業有成、不再叛逆、懂事等，在和家庭相關願望中所占的比重超過 1/3。這個其實也非常符合中國國情，孩子的確是很多家庭最大的關注點。

排在第三位的才是物質需求，占比 18%。不出意外，在這

個類別裡出現頻率最高的是金錢，掙更多的錢、有錢、財富這樣的關鍵字占到了這個類別的將近 70%。

排在第四位的是事業成功以及被認可，有13%的願望屬於這個類別。

當然，除了上面四大類之外，我們也分析了剩下的願望：

關於身體健康，占了10% 多些；情感需求，比如更好的夫妻感情，有物件，和朋友聚會等，這些情感需求占總體願望的9% 多點；對於理想、生活意義的追求，約占2%；還有一類是關於幫助、成就他人的，約占2%。

看到這個排序結果，你有什麼感觸？對我來說，這樣的排序還是挺出人意料的。原來物質需求並不像我們預想的那麼重要，而自由的時間和更好的家庭才是大家認為最能提升幸福感的兩大願望。關於這個幸福測驗的樣本分析，大家可以和第五章的內容結合起來看。心理學的研究成果，揭示了到底什麼能給你帶來幸福。這些研究是基於更大更全面的樣本，也更有參考價值。你可以把心理學的結論和你自己的認知做一個比較，相信會有所啟發。

後記

　　這本書基於我在 2020 年疫情期間於喜馬拉雅上開設的一門音頻課程《行為心理學30講》整理。

　　我之所以會做這門課程，首先要感謝李海波，是你的幾次「助推」，讓我決定做出這個嘗試，把這個有趣、有意義的學科介紹給更多的人，並在這個過程中受益匪淺。其次要感謝邱裕明幫我敲定主題，更重要的是安排洛丹做這門課的製作人。雖然這個節目已經做完一段時間了，但和洛丹合作的那段日子依然歷歷在目！我剛剛又看了一下我們的微信對話記錄，從 2020 年4月24日開始聯繫，到7月 17日課程正式上線，到9月27日我交出最後一節課的文稿，5個月的時間，我們保持著頻繁、高效的溝通，這個進展速度是超出我的想像的。謝謝你對每一節課的文稿仔細閱讀，並提出非常中肯的建議——小到口語化的表達，大到用什麼樣的例子，如何把理論講得更清晰明了。每周給你交兩節課的文稿，每天早上伴隨著鳥叫聲錄音訊，是我那段時間最重要的作業，而你說等我的文稿，像追劇的感覺。這是我遇到的最美好的合作。在這個過程中，雖然辛苦，但我也體驗到「心流」的愉悅。謝謝你！

這門課的播出，這本書的成型，和我的同事與朋友童璐瓊密不可分。她在清華讀博士期間曾經到我當時工作的英屬哥倫比亞大學訪問過一年。在那一年中，我們漸漸熟悉彼此，不僅共同做學術研究，也有幸成為朋友。這次當我決定做這門課的時候，我第一個想到的就是要和她合作。她不僅通曉專業知識，而且對文字的把握、選擇現實生活中什麼樣的例子來解釋理論，都比我更勝一籌。有她在，每一節課的文稿都會多一雙既專業又敏銳的眼睛把關，也會讓這本書讀起來更加有條理、更加有趣。這本書是我和童童合作的成果。

　　當然，最重要的是感謝所有的聽眾和讀者——過去的以及未來的。你們的興趣和問題激勵我做好每一部分內容。希望你們有所收穫，也希望將來有線下交流的機會！

　　最後，感謝我的家人！你們是對我的心理影響最大的人。

朱睿

2021 年 5 月

References
參考文獻

1. Timothy de Camp Wilson & Nisbett, R.(1978). The accuracy of verbal reports about the effects of stimuli on evaluations and behavior. Social Psychology, 41(2), 118-131.
2. Daniel Kahneman(2011).Thinking, Fast and Slow, Farrar, Straus and Giroux, New York.
3. Berger, J., & Milkman, K.L.(2012).What makes online content viral?. Journal of Marketing Research, 49(2), 192-205.
4. Small, D.A., Loewenstein, G., & Slovic, P.(2007).Sympathy and callousness：The impact of deliberative thought on donations to identifiable and statistical victims. Organizational Behavior and Human Decision Processes, 102(2), 143-153.
5. Vosoughi, S., Roy, D., & Aral, S.(2018).The spread of true and false news online. Science, 359(6380), 1146-1151.
6. Ariely, D., & Loewenstein, G.(2006).The heat of the moment：The effect of sexual arousal on sexual decision making.Journal of Behavioral Decision Making, 19(2), 87-98.
7. Tversky, A., & Kahneman, D.(1981).The framing of decisions 216 and the psychology of choice. Science, 211(4481), 453-458.
8. Samuelson, W., & Zeckhauser, R.(1988).Status quo bias in decision making. Journal of risk and uncertainty, 1(1), 7-59.
9. Iyengar, S.S., & Lepper, M.R.(2000).When choice is demotivating：

Can one desire too much of a good thing?. Journal of personality and social psychology, 79(6), 995-1006.

10. Kahneman, D., Knetsch, J.L., & Thaler, R.H.(2008).The endowment effect：Evidence of losses valued more than gains. Handbook of experimental economics results, 1, 939-948.

11. Ross, M., & Sicoly, F.(1979).Egocentric biases in availability and attribution.Journal of Personality and Social Psychology, 37(3), 322-336.

12. Rothman, A.J., & Schwarz, N.(1998).Constructing perceptions of vulnerability：Personal relevance and the use of experiential information in health judgments. Personality and Social Psychology Bulletin, 24(10), 1053-1064.

13. Weick, M., & Guinote, A.(2008).When subjective experiences matter：Power increases reliance on the ease of retrieval. Journal of Personality and Social Psychology, 94(6), 956-970.

14. Tversky, A., & Kahneman, D.(1973).Availability：A heuristic for judging frequency and probability.Cognitive psychology, 5(2), 207-232.

15. Tversky, A., & Kahneman, D.(1974).Judgment under uncertainty：Heuristics and biases.Science, 185(4157), 1124-1131.

16. Rosenthal, R., & Jacobson, L.(1966).Teachers' expectancies：Determinants of pupils' IQ gains. Psychological reports, 19(1), 115-118.

17. Spencer, S.J., Steele, C.M., & Quinn, D.M.(1999).Stereotype threat and women's math performance. Journal of experimental social psychology, 35(1), 4-28.

18. Gwiazda, J., Ong, E., Held, R., & Thorn, F.(2000).Myopia and ambient night-time lighting. Nature, 404(6774), 144-144.

19. Quinn, G.E., Shin, C.H., Maguire, M.G., & Stone, R.A.(1999). Myopia and ambient lighting at night. Nature, 399(6732), 113-114.

20. Simonson, I., & Tversky, A.(1992).Choice in context：Tradeoff contrast and extremeness aversion. Journal of marketing research, 29(3), 281-295.

21. Hedgcock, W., & Rao, A.R.(2009).Trade-off aversion as an explanation for the attraction effect：A functional magnetic resonance imaging study. Journal of Marketing Research, 46(1), 1-13.

22. Chae, B., & Zhu, R.(2014).Environmental disorder leads to self-regulatory failure. Journal of Consumer Research, 40(6), 1203-1218.

23. Triplett, N.(1898).The dynamogenic factors in pacemaking and competition. The American journal of psychology, 9(4), 507-533.

24. Keizer, K., Lindenberg, S., & Steg, L.(2008).The spreading of disorder. Science, 322(5908), 1681-1685.

25. Redelmeier, D.A., & Kahneman, D.(1996).Patients' memories of painful medical treatments：Real-time and retrospective evaluations of two minimally invasive procedures. Pain, 66(1), 3-8.

26. Kouchaki, M., & Gino, F.(2016).Memories of unethical actions become obfuscated over time. Proceedings of the National Academy 218 of Sciences, 113(22), 6166-6171.

27. Buehler, R.,Griffin, D., & Ross, M. (1994). Exploring the "planning fallacy"：Why people underestimate their task completion times. Journal of Personality and Social Psychology, 67(3), 366-381.

28. Alicke, M.D.(1985).Global self-evaluation as determined by the desirability and controllability of trait adjectives. Journal of Personality and Social Psychology, 49(6), 1621-1630.

29. Eurich, T.(2017). Insight：The surprising truth about how others see us, how we see ourselves, and why the answers matter more than we think.Currency, New York.

30. Kruger, J., & Dunning, D.(1999).Unskilled and unaware of it：how difficulties in recognizing one's own incompetence lead to inflated self-assessments. Journal of Personality and Social Psychology, 77(6), 1121-1134.

31. Gilbert, D.T., Killingsworth, M.A., Eyre, R.N., & Wilson, T.D.(2009).The surprising power of neighborly advice. Science, 323 (5921), 1617-1619.

32. Gilbert, D.T., Pinel, E.C., Wilson, T.D., Blumberg, S.J., & Wheatley, T.P.(1998).Immune neglect：a source of durability bias in affective forecasting. Journal of Personality and Social Psychology, 7(5 3), 617-638.

33. Wilson, T.D., & Gilbert, D.T.(2005).Affective forecasting. Current Directions in Psychological Science, 14(3), 131-134.

34. Jebb, A.T., Tay, L., Diener, E., & Oishi, S.(2018). Happiness, income satiation and turning points around the world. Nature Human Behaviour, 2(1), 33-38.

35. Kahneman, D., & Deaton, A.(2010).High income improves evaluation of life but not emotional well-being. Proceedings of the National Academy of Sciences, 107(38), 16489-16493.

36. Danziger, S., Levav, J., & Avnaim-Pesso, L.(2011). Extraneous factors in judicial decisions. Proceedings of the National Academy of Sciences, 108(17), 6889-6892.

37. Kahneman, D., & Klein, G.(2009).Conditions for intuitive expertise：a failure to disagree. American Psychologist, 64(6), 515-526.

38. Klein, G.(2008).Naturalistic decision making. Human Factors, 50(3), 456-460.

39. Kahneman, D., Knetsch, J.L., & Thaler, R.(1986).Fairness as a constraint on profit seeking：Entitlements in the market. American Economic Review, 76(4), 728-741.

40. Goldstein, N.J., Cialdini, R.B., & Griskevicius, V.(2008). A room with a viewpoint：Using social norms to motivate environmental conservation in hotels. Journal of consumer Research, 35(3), 472-482.

41. Soman, D., & Cheema, A.(2011).Earmarking and partitioning：Increasing saving by low-income households. Journal of Marketing Research, 48(SPL), S14-S22.

42. Thaler, R.H., & Benartzi, S.(2004).Save more tomorrow™：Using behavioral economics to increase employee saving. Journal of political Economy, 112(S1), S164-S187.

決策的邏輯

作　　　者－朱睿、 童璐瓊
主　　　編－林菁菁
企　　　劃－謝儀方
封面設計－江儀琳
內頁設計－李宜芝

第五編輯部總監－梁芳春
董 事 長－趙政岷
出 版 者－時報文化出版企業股份有限公司
　　　　　108019 台北市和平西路三段 240 號 3 樓
　　　　　發行專線－ (02)2306-6842
　　　　　讀者服務專線－ 0800-231-705・(02)2304-7103
　　　　　讀者服務傳眞－ (02)2304-6858
　　　　　郵撥－ 19344724 時報文化出版公司
　　　　　信箱－ 10899 臺北華江橋郵局第 99 信箱
時報悅讀網－ http://www.readingtimes.com.tw
法律顧問－理律法律事務所 陳長文律師、 李念祖律師
印　　　刷－勁達印刷股份有限公司
初版一刷－ 2023 年 4 月 21 日
定　　　價－新臺幣 380 元
（缺頁或破損的書， 請寄回更換）

時報文化出版公司成立於一九七五年，
並於一九九九年股票上櫃公開發行，於二○○八年脫離中時集團非屬旺中，
以「尊重智慧與創意的文化事業」為信念。

決策的邏輯 / 朱睿, 童璐瓊著 . -- 初版 . -- 臺北市 : 時報文化出版企
業股份有限公司, 2023.04
　　面； 公分

ISBN 978-626-353-627-2(平裝)

1.CST: 行爲心理學 2.CST: 決策管理

176.8　　　　　　　　　　　　　　　　　112003448

原簡體中文版:《決策的邏輯:生活中的行爲心理學》
朱睿　童璐瓊
Copyright © 2022 by 天地出版社
本作品中文繁體版通過成都天鳶文化傳播有限公司代理，經四川天地出版社有限公司授予時報文化出版
企業股份有限公司獨家出版發行，非經書面同意，不得以任何形式，任意重制轉載。時報文化出版企業
股份有限公司對繁體中文版承擔全部責任，天地出版社對繁體中文版因修改、刪節或增加原簡體中文版
內容所導致的任何錯誤或損失不承擔任何責任。

ISBN 978-626-353-627-2
Printed in Taiwan